HIRAIDE Takashi

Le Chat qui venait du ciel

Roman traduit du japonais
par Elisabeth Suetsugu

Éditions
Philippe Picquier

Titre original : *Neko no kyaku*

Mas de Vert
B.P. 20150
13631 Arles cedex

En couverture : *Chat et poissons*, Georges Manzana-Pissaro
© musée A.G. Poulain

Conception graphique : Picquier & Protière

Mise en page : Ad litteram, M.-C. Raguin – Pourrières (Var)

ISBN 13 : 978-2-87730-871-7
ISSN : 1251-6007

1

A première vue, c'étaient des lambeaux de nuages qui flottaient. Indécis, ils se balançaient doucement de gauche à droite, au gré du vent.

La petite fenêtre de la cuisine touchait presque la haute palissade qui longeait le caniveau, interdisant pour ainsi dire tout passage. De l'intérieur, la vitre dépolie ressemblait à l'écran opaque d'une salle de projection. Les veines du bois de la palissade étaient piquées de trous minuscules. Sur cet écran de fortune, au-delà d'un passage large de trois mètres environ, le vert de la haie vive plantée au nord se reflétait toujours vaguement.

Quand quelqu'un passait dans la sente, sa silhouette emplissait la fenêtre tout entière. Cela participait sans doute du même phénomène que la chambre noire; les jours de beau temps, les contours se découpaient de manière particulièrement nette dans la pénombre intérieure, si bien qu'on avait l'impression que la forme marchait la tête en bas tout en s'éloignant en sens inverse de la direction dans laquelle elle se dirigeait en réalité. Lorsque le passant se trouvait tout près d'un orifice qui trouait le bois, sa silhouette inversée gonflait la fenêtre jusqu'à déborder la vitre ; s'il faisait un pas de plus, elle s'effaçait dans l'instant sans laisser de trace, comme une illusion d'optique.

Mais ce jour-là, l'image des lambeaux de nuages mit longtemps à s'éloigner. En même temps, bien que proche de l'orifice, elle ne grossissait guère. Une fois parvenue au point où elle était censée gonfler, en haut de la fenêtre, elle demeura si petite qu'on aurait pu la tenir dans la paume de la main. Les parcelles de nuages continuaient à flotter au-dessus du chemin, indécises, et l'oreille finit par déceler un faible gémissement.

Cette ruelle, nous avions décidé ma femme et moi de l'appeler « le passage de l'Eclair ».

Après vingt minutes de train d'une ligne privée qui s'étire de Shinjuku vers le sud-ouest de la ville, on descend à une petite gare où l'express ne s'arrête pas, et après avoir marché pendant une dizaine de minutes en direction du sud, on débouche sur une butte. Une fois parvenu en haut de cette minuscule colline, on traverse en diagonale la seule route où il y ait de la circulation, qui va d'est en ouest, et on se retrouve dans une rue en pente. Elle est assez large, et quand on l'a descendue sur une soixantaine de mètres, on découvre sur la gauche une belle vieille maison de construction traditionnelle, dont la partie inférieure du mur d'enceinte est recouverte de bambous scindés et dressés comme des flèches. On prend à gauche avant la maison, l'enceinte est sommaire à cet endroit et la sente longe la palissade.

La partie que nous avions louée était un pavillon situé sur le vaste terrain qui s'étendait entre le mur d'enceinte et la palissade. A mi-chemin de la palissade, il y avait une porte basse en bois à un seul battant, qui servait à la fois de porte de service à la propriétaire et d'entrée aux locataires. Les trous dans le bois étaient comme des yeux invisibles, ouverts sur l'extrémité du portillon.

Tout en longeant la palissade, quand j'arrivais au niveau de la fenêtre pareille à un vitrage dormant, je me demandais avec quelle netteté ma silhouette se découpait une fois que j'étais parvenu au toit de tuiles qui jaillissait sur la gauche, à l'endroit où le chemin formait presque un angle droit. L'angle à peine dépassé, le chemin se pliait brutalement vers la gauche, sans transition, et un orme gigantesque recouvrait le toit de son feuillage. En un mot, la sente était en dents de scie, et c'est pour nous amuser que nous l'avions baptisée « le passage de l'Eclair ».

L'orme qui couvrait de son ombre la venelle était un très vieil arbre. Il devait sûrement être classé parmi ceux plusieurs fois centenaires que comptait l'arrondissement. Au moment de construire la maison, les plans avaient apparemment été conçus de façon que la demeure contourne l'arbre.

Les branches avaient poussé au gré de leur fantaisie et assombrissaient la partie orientale du jardin de la propriétaire, venant frôler le pavillon de location construit à l'angle nord-est et lui prodiguer une ombre verte. Quand l'automne allait s'approfondissant, l'arbre ne cessait d'arracher des soupirs à la vieille dame qui était notre propriétaire.

C'est le garçonnet de la maison où se dressait l'orme gigantesque, un enfant de cinq ans, qui décida d'adopter le petit chat qui fit un jour son apparition dans la sente de l'Eclair.

Si nous étions voisins à l'est, nous nous trouvions décalés par rapport à l'éclair, en sorte que nous n'avions jamais l'occasion de nous rencontrer en entrant ou en sortant. Du côté de la maison voisine qui jouxtait notre jardin, mis à part une fenêtre coulissante destinée à l'aération, un mur nous séparait. Mais par-dessus tout, comme nous n'étions que simples locataires du pavillon qui n'occupait qu'un coin du vaste terrain, notre conscience d'être voisins était des plus ténues.

Plein d'ardeur, le petit garçon jouait souvent dans le passage en poussant des cris aigus, mais j'avais rarement l'occasion de le rencontrer tant notre rythme de vie différait, moi qui restais penché sur ma table jusqu'à une heure avancée de la nuit. Pourtant :

« Je veux avoir ce chat ! »

La voix qui énonçait avec netteté la volonté enfantine franchit la palissade et parvint jusqu'à la table où nous étions en train de prendre un petit déjeuner tardif. Quelques jours plus tôt, je m'étais un peu occupé du chaton qui allait et venait autour du jardin qui ne servait pour ainsi dire qu'à étendre le linge, et j'eus un sourire en entendant la voix de l'enfant.

Plus tard, en y réfléchissant, j'ai compris que c'était à cet instant que les choses s'étaient déclenchées.

2

La voix ferme bien qu'enfantine qui avait émis cette déclaration avait-elle été perçue par la propriétaire qui occupait la maison principale, toujours est-il qu'en fin de journée le bruit d'une conversation devant la porte de la maison voisine m'est parvenue.

« Vous allez avoir un chat ? »

La voix claire de la vieille dame se faisait plus proche.

Et de continuer :

« C'est bien ennuyeux ! »

Les chats qui pénétraient de tous les côtés dans la propriété abîmaient le jardin, faisaient grincer le toit, parfois même laissaient des traces de terre sur les tatamis du salon, et ainsi de suite. Mais c'était d'un ton égal qu'elle alignait ces plaintes.

La jeune femme qui occupait la maison voisine avait une voix distinguée, pleine de réserve, et on aurait pu croire qu'elle allait se rendre aux arguments énoncés par les quatre-vingts ans qu'elle avait devant elle, mais elle ne se laissa pas vaincre pour autant. Sans doute évoquait-elle l'image du petit garçon qui dans l'ombre priait de toutes ses forces. C'est elle qui eut raison de la vieille dame.

Deux ans plus tôt, quand nous avions signé le bail de location du pavillon, je me souvenais qu'une des clauses du contrat interdisait d'avoir des enfants ainsi que des animaux.

Bien que nous ayons dépassé le seuil des trente-cinq ans, ni l'un ni l'autre nous ne souhaitions particulièrement avoir un enfant.

Quant à ce qu'il est convenu d'appeler un animal domestique, nous n'avions pas de prédilection pour les chats, et comme nous travaillions tous les deux, la question d'avoir un chien ne se posait même pas. On peut donc dire que nous avions le profil idéal des locataires que la vieille dame souhaitait voir occuper sa maison.

D'aucuns parmi nos amis intimes adoraient les chats, et cet attendrissement qu'ils montraient à l'égard de leur animal me semblait parfois ridicule. J'avais été témoin de scènes où, dévoués corps et âme à leur chat, ils n'éprouvaient pas la moindre honte, indifférents à tout jugement. A y bien penser, ce n'est pas que nous n'aimions pas les chats, nous nous sentions seulement décalés par rapport à ceux qu'il est convenu de considérer comme amoureux des chats. En fait, la raison déterminante était que nous ne connaissions aucun chat dans notre environnement immédiat.

Dans mon enfance, j'ai eu un chien. J'ai toujours pensé que les rapports qu'on entretient avec un chien sont exempts de sentimentalité, que la tension de la laisse qui unit celui qui obéit et celui qui est obéi était un lien pur et rafraîchissant.

Je devais avoir sensiblement le même âge que le petit garçon des voisins, j'habitais une maisonnette à côté d'autres toutes semblables, avec des airs de *nagaya* [1], un logement destiné aux fonctionnaires à ce qu'il paraît, et on nous avait pris le petit chien que je venais d'adopter. C'était en fin de journée, un samedi ou un dimanche. Mon père s'est aperçu que le loulou qui était attaché devant la maison n'y était plus et il a grommelé :

« Voleur de chiens ! »

Expression qu'il avait d'ailleurs immédiatement retirée. Mon père m'a entraîné hors de la

1. Rangée de maisons alignées sous un seul toit.

maison et nous avons cherché partout, sans découvrir la moindre trace, ni du chien ni de son ravisseur.

Je me souviens très bien que j'ai eu l'impression qu'il ne fallait pas poser davantage de questions quand j'ai vu l'expression de mon père au moment où il murmurait : « Voleur de chiens ! » Ma sœur aînée se rappelle que j'ai passé la nuit à pleurer, quant à moi je n'en ai pas conservé le moindre souvenir.

Pour ma part, je n'aimais donc pas particulièrement les chats, mais ma femme, elle, comprend admirablement les animaux et tous les êtres vivants en général.

Elle m'a raconté que son frère et elle élevaient dans un aquarium des écrevisses et des lézards d'eau qu'ils avaient attrapés, ils laissaient voler en liberté dans leur chambre les papillons les plus variés qu'ils avaient fait éclore. Ils élevaient des *jûshimatsu*[1], des canaris, des poussins. Il leur était aussi arrivé de soigner de jeunes moineaux tombés du nid ou des chauves-souris blessées.

Même maintenant, quand nous regardons à la télévision une émission sur les animaux, elle est capable d'énoncer sans se tromper la plupart des noms d'espèces rares des pays lointains. Ainsi, quand je dis que ni ma femme ni moi n'aimions

1. Petit oiseau importé de Chine à l'époque d'Edo.

particulièrement les chats, cette déclaration a une acception absolument différente dans son cas, dans la mesure où elle porte depuis toujours sur les animaux un regard attentif et complice, contrairement à moi qui suis pour ainsi dire incapable de faire la différence entre un chien et un chat.

Après son adoption par les voisins, le petit chat en vint à faire de fréquentes apparitions dans le jardin, faisant tinter le grelot de son collier rouge.

La palissade qui séparait le jardin de la maison principale et le jardinet du pavillon indépendant était si sommaire qu'on aurait pu croire que c'était un seul et même jardin, mais les arbres, les collines artificielles, l'étang, les parterres de fleurs dont s'ornait l'immense jardin majestueux semblaient le parer d'un plus grand charme aux yeux du chat. Il pénétrait d'abord dans le petit jardin du pavillon puis, tout seul, partait à l'aventure dans le grand espace qui s'ouvrait devant lui.

Quand le portillon qui conduisait au jardinet n'était pas fermé, il avait pris l'habitude de jeter un coup d'œil dans la maison, à l'aller et au retour. Pas la moindre trace de contrainte à l'égard des êtres humains. Cependant, était-ce un trait de son caractère, une grande méfiance le faisait nous observer tranquillement, la queue bien droite, sans s'aventurer dans la maison. Dès qu'on tentait de le prendre dans les bras, il fuyait avec la rapidité de l'éclair. Si on essayait de le saisir de force, il mordait. Cela se passait sous l'œil attentif de la propriétaire et nous ne faisions pas d'autres tentatives pour nous attacher le petit animal.

C'était en 1988, entre l'automne et l'approche de l'hiver, en un mot, c'était au moment où l'ère Shôwa[1] était sur le point de prendre fin.

3

Chibi, tel est le nom du chat. De la pièce où je suis allongé par terre, j'ai entendu appeler : « Chibi ! » d'une voix perçante d'enfant. En même temps que le bruit des pas du petit garçon qui courait, un léger tintement de grelot m'a permis de comprendre.

Ce Chibi était une merveille : la robe blanche parsemée de taches rondes d'un gris noir légèrement nuancé de marron clair comme il est fréquent d'en voir au Japon, il était mince et élancé, et réellement tout petit.

Ce qui le différenciait des autres chats, c'était précisément son extrême minceur, si petit et si

1. Longue période comprise entre 1926 et 1989, du nom de l'empereur Shôwa, auquel a succédé à sa mort en janvier 1989 son fils, l'empereur Heisei, dont la quinzième année de « règne » correspond à l'année 2003.

frêle qu'on remarquait tout de suite ses oreilles pointues et mobiles à l'extrême. En dehors de cette particularité, on se rendait compte immédiatement qu'il n'était pas du genre à se frotter aux jambes d'un humain. J'ai d'abord cru que s'il ne s'approchait pas de moi, c'était parce que je n'avais pas l'habitude des chats, mais il n'en était rien. Une fillette s'était accroupie dans le passage de l'Eclair pour l'observer, il n'a pas cherché à fuir, mais à l'instant où elle faisait mine d'approcher, il l'a esquivée avec une vivacité presque coupante. J'ai senti briller dans ce refus un éclat pâle et froid.

J'ajouterai qu'il ne miaulait pour ainsi dire jamais. Quand il avait fait son apparition dans la sente de l'Eclair, j'avais cru entendre quelques faibles sons, mais par la suite il n'a plus jamais miaulé. A croire qu'il voulait nous habituer à l'idée qu'il ne nous ferait bientôt plus entendre sa voix.

L'attention qu'il portait aux choses se déplaçait avec une rapidité étonnante, caractéristique qu'il n'a pas perdue, même en grandissant. Etait-ce le fait de jouer seul la plupart du temps dans l'immense jardin qui lui avait appris à réagir avec vivacité aux insectes et aux lézards ? J'avais même fini par croire qu'il était sensible aux métamorphoses invisibles du vent ou la lumière. Car s'il est courant d'observer ce trait chez les chatons, les réactions de Chibi étaient d'une acuité sans pareille.

« Ce n'est pas pour rien le chat du passage de l'Eclair ! » m'a dit ma femme en désignant Chibi qui passait devant elle, d'un ton admiratif.

A force de jouer avec le petit garçon, Chibi était passé maître dans l'art de la balle. Il m'avait semblé que le garçonnet se servait d'une balle en caoutchouc de la grosseur du poing. Tombé sous le charme du jeu que le bruit de la balle rebondissant dans le passage de l'Eclair rythmait à mon oreille, l'envie m'était peu à peu venue de jouer dans le jardinet. Après avoir remué toutes sortes d'idées, un jour, je me suis emparé d'une balle de ping-pong qui traînait dans le coin d'un tiroir.

Je l'ai fait rebondir sur la dalle de ciment qui se trouvait sous le *nure-en*[1]. Chibi s'aplatit et suit la balle des yeux sans se lasser. Finalement, à force de se concentrer dans cette posture, la tension atteint son paroxysme, il rassemble ses quatre pattes, opère un très léger retrait, se ramasse en boule. Et d'une détente fiévreuse, sans même frôler le sol, il bondit avec frénésie sur la petite balle blanche. Puis, après que la balle a fait plusieurs allers et retours entre ses deux pattes de devant, il vient se faufiler entre mes jambes.

Son humeur capricieuse se révèle évidente, même au beau milieu de cet exercice incroyablement subtil et technique. Abandonnant la

1. Galerie de bois extérieure.

balle de ping-pong, alors qu'on croit qu'il s'est retourné presque à angle droit, il frappe l'instant d'après de son poing minuscule la tête d'un crapaud qui se dissimulait derrière une pierre. La seconde suivante, il s'élance du côté opposé, se jette dans l'herbe pattes en avant, se laisse glisser et, exhibant son ventre blanc, il regarde dans ma direction tout en s'éloignant par petites ondulations. Cette fois, sans même un regard pour son partenaire de jeu, d'un bond vertical il attrape le bas de la manche d'un sous-vêtement qui pend sur la corde à linge et s'en retourne vers le grand jardin par la petite porte en bois.

Certains de mes amis amoureux des chats prétendent que seuls les chatons s'amusent avec une balle, mais j'ai eu plus tard la preuve que non seulement Chibi avait continué à jouer une fois adulte mais qu'il faisait des progrès vertigineux.

Chibi avait une autre particularité. C'était, pour reprendre les termes de notre propriétaire, « un beau brin de chatte ». La vieille dame avait peut-être jusqu'à ce jour pourchassé bon nombre de chats, cela ne l'empêchait pas d'être objective.

Aux dires d'une photographe de profession, les amoureux des chats considèrent tous que leur animal est la merveille des merveilles. Comme si leur regard s'était fermé aux autres chats, précise-t-elle. Elle aussi adore les chats, mais comme elle a conscience de ce travers, elle ne prend en photo que les chats que personne n'aime, les chats errants sans beauté.

Le grand amateur de balle en est venu peu à peu à inviter de lui-même celui ou celle qui se trouve là à jouer avec lui. A peine entré, après avoir un instant dévisagé son compagnon de jeu, il bondit vivement, l'incitant à le suivre au jardin. Sans un miaulement, il réitère son invitation deux, trois fois, jusqu'à obtenir satisfaction. La plupart du temps, ma femme plante là ce qu'elle est en train de faire et enfile gaiement des sandales pour descendre dans le jardin.

Après avoir joué tout son saoul, Chibi a pris l'habitude de revenir dans la maison pour se reposer. La première fois qu'il s'est endormi chez nous, posé comme une perle sur le canapé où il dessinait une virgule, la maison tout entière a été plongée dans une joie profonde, comme en face d'une scène concevable seulement dans les rêves.

Se dérobant aux regards de la vieille dame, Chibi s'introduisait à sa guise dans la maison, et moi, de mon côté, je comprenais de mieux en mieux la psychologie des amoureux des chats. Que je regarde la télévision ou feuillette des calendriers, je ne découvrais aucun chat susceptible de surpasser Chibi en beauté.

Cependant, si la conviction que Chibi était un chat exceptionnel commençait de nous habiter, ce n'était pas pour autant notre chat.

J'entendais le tintement du grelot et comme il apparaissait ensuite, il m'arrivait de l'appeler non pas Chibi mais Dinding. Quand j'étais saisi, sans m'expliquer pourquoi, de l'envie qu'il vienne, c'était ce nom qui me montait aux lèvres.

« Dinding ne vient pas ! »

En même temps, le tintement se faisait entendre. Le voilà ! C'était la plupart du temps au niveau de la deuxième bifurcation du passage de l'Eclair que l'exclamation de ma femme fusait. Chibi était passé par l'entrée de la maison voisine et venait sans doute de traverser une déchirure dans le grillage qui marquait la limite du terrain. Puis, longeant notre pavillon, il arrivait à la véranda, se faufilait sous la petite galerie, posait les pattes de devant sur le rebord de la fenêtre qui s'arrêtait à hauteur des genoux, tendait le cou et jetait un coup d'œil à l'intérieur.

L'hiver arriva. Insensiblement, ce rite avait fini par faire partie de notre vie quotidienne, de la même manière qu'un penchant pour ainsi dire inexistant se développe pour peu qu'on le nourrisse. Déjà cependant, ce qu'on pourrait nommer le destin accompagnait ce flux qui rythmait notre temps.

4

Loin de moi l'idée d'utiliser à dessein le mot de « Fortune », mais à mesure que le petit chat des voisins nous rendait des visites de plus en plus régulières, j'ai compris qu'il y avait des choses qu'il était impossible d'exprimer d'une autre manière.

La propriété avait été construite au début de l'ère Shôwa, par un militaire originaire de Kyôto, et la réalisation du jardin confiée à des jardiniers de l'ancienne capitale. Le terrain de près de cinq mille mètres carrés s'étendait d'est en ouest. Sur la moitié sud, on avait canalisé l'eau et un savant agencement donnait lieu à de délicates variations de floraisons qui réjouissaient l'œil à chaque saison, combinées avec les arbres les plus variés.

Légèrement décalé par rapport au centre, un étang reçoit l'eau qui jaillit d'une cascade, et deux pots de nénuphars enfoncés dans la terre près de la véranda, plutôt que dans l'étang, donnent l'un des fleurs roses, l'autre des blanches. En bordure de l'étang, un petit brasero en porcelaine de Chine orné de motifs rafraîchissants d'émail bleu, rempli jusqu'au bord d'une eau noirâtre, abrite peut-être lui aussi des nénuphars dans son ombre.

Je savais que les actuels propriétaires avaient racheté la maison à la fin des années cinquante.

Leurs quatre enfants avaient fait leur chemin et depuis que le couple vivait seul, l'amour des arbres s'était transmis de l'ancien propriétaire au vieil homme.

C'était au cours de l'été 1986 qu'un agent immobilier installé à côté de la gare nous avait fait visiter le pavillon adjacent. La maison que nous occupions avait brûlé et nous étions contraints de partir. Epuisés, toute énergie pour trouver un endroit où vivre nous avait quittés. Nous avons consulté une de nos relations qui s'occupait de prédictions. Cet ami nous a fait connaître les cycles, nous expliquant à l'aide d'un tableau où chercher sur une envergure de quinze degrés. Dans cet espace infiniment restreint, en forme d'éventail replié, nous sommes contre toute attente tombés directement sur cette maison.

Une fois qu'on a dépassé la rue commerçante qui a conservé un petit air désuet et qu'on parvient à l'extrémité d'une rue étroite qui monte légèrement, on se trouve en haut d'une rue résidentielle qui descend vers le sud, large bien que très peu de voitures y passent, où chaque maison montre un art différent de planter les arbres et les fleurs, proposant les images les plus variées, et une atmosphère paisible y règne. Quand j'ai perçu pour la première fois le calme profond de ces lieux, j'ai ressenti une paix mystérieuse, comme si une main familière s'était posée sur mon cœur. Il m'a semblé que c'était un quartier où on croisait beaucoup de personnes âgées.

Bientôt on nous désigna une vieille demeure sur la gauche, dont le toit qui couvrait le portail était dissimulé sous des branches de pin, avec la moitié inférieure du mur d'enceinte recouverte de tiges de bambous, et nous avons emprunté le petit passage qui bifurquait juste avant la maison.

Machiavel, dit-on, concevait le destin de la façon suivante : la Fortune règne sur plus de la moitié de la vie humaine, l'autre moitié, ou plutôt ce qu'il en reste, tente de faire front et c'est ce qu'il nomme *virtù*. Il voyait la Fortune sous les traits d'une déesse capricieuse, à l'humeur changeante, ou d'un fleuve dont les débordements sont toujours imprévisibles.

Membre du gouvernement de la république de Florence, Machiavel est passé à la postérité comme penseur politique d'un pragmatisme achevé, mais on ne saurait oublier qu'il était également poète, un poète à la langue riche qui a laissé nombre de fables et de contes. Dans ces textes qui empruntent les formes d'expression les plus diverses, à travers le terme de « Fortune », ou celui de « *virtù* », qu'on pourrait rendre à l'aide de vingt mots ou plus – courage, vertu morale, génie, habileté, bravoure, persévérance, élan –, ou encore celui de « nécessité », que l'on peut traduire par besoin, voire désespoir, une grandeur toute particulière se transmet au lecteur.

On dit que lorsqu'il associe le destin à une rivière, c'est à l'Arno qu'il songe, ce fleuve qui a si souvent inondé Florence. Alors qu'il occupait le poste de secrétaire officiel du gouvernement, il s'est efforcé, en collaboration avec Léonard de Vinci qui avait été désigné comme architecte militaire, de réaliser un plan gigantesque qui visait à changer le cours naturel du fleuve. Mais le plan élaboré voilà cinq cents ans fut repoussé, dit-on, par un sort de deux natures, les incendies naturels et ceux allumés par la main de l'homme, autrement dit les guerres.

En lisant ses ouvrages, tout particulièrement *Le Prince*, parmi toutes les métaphores utilisées à propos de la Fortune, celle figurant au chapitre XXV, la longue réflexion sur ces rivières dont ne sait jamais quand elles vont déborder me semble particulièrement saisissante. Sans doute l'amertume qui lui a dicté ces phrases lui vient-elle de l'expérience vécue d'un échec direct et personnel.

Je la compare à l'une de ces rivières, coutumières de déborder, lesquelles se courrouçant noient à l'entour les plaines, détruisent les arbres et maisons, dérobent d'un côté de la terre pour en donner autre part ; chacun fuit devant elles, tout le monde cède à leur fureur, sans y pouvoir mettre rempart aucun[1].

Mais pour les êtres vivants, tourner à certain endroit du chemin ou se faufiler à l'intérieur par l'interstice d'une porte, n'est-ce pas un geste qui vient spontanément, un geste de la même nature que ce qui donne naissance à un ruisseau ? Jour après jour, le geste se répète, et un courant se forme. Puis, ce minuscule courant à son tour, précisément parce qu'il coule, rejoint quelque part une grande rivière… Ne pourrait-on interpréter en ce sens cette pensée fondamentale de Machiavel, non le Machiavel des traités de politique mais celui des fables et des contes ?

5

La cuisine-salle à manger épousait le premier angle du passage en dents de scie. De la fenêtre devant l'évier orientée à l'ouest du passage, on apercevait celle de la cuisine de la maison principale. A l'opposé, de la grande baie en saillie de la partie salle à manger qui était orientée à l'est, il arrivait qu'on aperçoive la tête du passant qui tournait dans la sente, derrière les fils barbelés disposés au-dessus de la palissade.

1. Machiavel, *Œuvres complètes*, édition d'Edmond Barincou Bibliothèque de la Pléiade, Gallimard, 1952.

Quand on s'avançait à l'intérieur du pavillon en marchant vers le sud, on remarquait sur la droite la porte d'entrée coulissante en verre dépoli, à gauche les *fusuma*[1] d'un placard, et il y avait un vestibule de deux tatamis. Suivait une pièce de six tatamis. Tout de suite en entrant, le mur de droite était pris par le *tokonoma*[2], l'autre moitié par un placard de moins d'un mètre. A l'est, c'était une porte coulissante imitant un *shôji*[3], et de là, dans l'encadrement, on pouvait voir de dos les gens qui empruntaient la deuxième bifurcation du passage de l'Eclair.

La pièce de six tatamis était suivie d'une autre, plus petite, planchéiée, qui donnait sur l'étendoir au sud. La palissade était moussue au-delà du jardinet, faisait un coude avant de continuer son tracé, et du magnifique jardin des propriétaires, elle épousait les contours de notre sphère, juste comme il fallait.

Partout, des fenêtres. En voyant la fenêtre ronde percée dans le mur à l'ouest, dans la pièce planchéiée, striée de fines lamelles de bambou entrecroisées, j'en avais déduit que l'endroit avait non seulement servi par le passé à la cérémonie

---

1. Cloison mobile tendue de papier épais souvent orné de motifs décoratifs.

2. Renfoncement ménagé dans un mur, légèrement surélevé par rapport aux tatamis, que l'on décore d'une peinture sur rouleau adaptée à la saison ou aux circonstances, d'un vase ou d'un objet d'art.

3. Cloison coulissante dont le fin grillage de bois est tendu de papier.

du thé, mais que sa grande recherche architecturale le destinait à être un lieu de contemplation de la lune. On m'avait raconté que de cette pièce la vue sur les collines artificielles était autrefois sans égale. A présent, la salle de bains qu'on avait aménagée par la suite barrait le paysage de l'extérieur, et à l'intérieur, les meubles des maîtres de logis risquaient grandement de réduire à néant le style plein d'élégance et raffiné de l'architecture.

La présence de nombreuses fenêtres procurait aux locataires fatigués une impression de délicieuse liberté. La fenêtre sud arrivait en gros à hauteur des genoux, c'était une large baie de près de quatre mètres qui permettait d'embrasser largement le ciel. Le jardin des propriétaires s'étendait de l'autre côté du mur d'enceinte, quant à la grande maison voisine du côté est, aucune fenêtre digne de ce nom n'était percée à cet endroit ; de surcroît, la configuration même du terrain, en raison d'une pente inclinée en diagonale vers le sud, faisait que nul regard extérieur ne plongeait dans notre pavillon, et les tuiles de l'auvent du toit qui mordaient sur le jardin avaient été remplacées par du verre armé, pour se transformer en une lucarne intrépidement penchée, qui recueillait en abondance les rayons du soleil.

Six mois après notre installation, un jour du début du printemps 1987, j'ai ouvert en grand les baies vitrées et le vent qui soufflait du sud s'est engouffré avec la force d'une avalanche. Il va sans dire que non seulement la fenêtre au-dessus de l'évier, mais aussi les portes vitrées des deux autres pièces, la fenêtre en saillie de la salle à manger et celle des toilettes, ouvertes l'une après l'autre, ont plongé en un instant l'intérieur de la maison dans la tourmente, comme une caverne dans laquelle se rue le vent. Stupéfait et impuissant, j'ai regardé vers l'étendoir au-dessus duquel les nuages couraient à une allure vertigineuse, et les deux perches minces entourées de gui blanc se sont cassées et sont tombées à terre. J'ai levé les yeux plus haut et j'ai vu l'orme immense qui couvrait la maison voisine et le pavillon lavé par le vent, tronc et branches confondus. Par la grande lucarne, les rayons du soleil s'effaçaient à peine apparus, dans l'intervalle, des pétales de fleurs de prunier se sont mêlés au vent. Les feuilles de papier envolées de la table basse, dispersées sur le sol, avaient l'air d'organiser une danse, comme animées d'une volonté propre.

Les choses ont fini par trouver leur place, et est-ce parce que la ronde des saisons était palpable à travers tout le jardin, j'ai pensé une nouvelle fois que notre décision de nous installer ici à vie s'était résolument affirmée.

Il paraît qu'on appelle cette partie sud de la pièce planchéiée « le plafond bondissant ». Le terme désigne une forme précise, quand l'auvent extérieur pénètre à l'intérieur pour devenir partie intégrante du plafond. Comme c'était une vitre semi-opaque munie d'un store de bambou tressé, cette trouée servait également de vasistas. Je m'allongeais sous cette fenêtre, sur la natte de jonc couvrant les lattes du parquet et, le coude replié en guise d'oreiller, je guettais les métamorphoses de la lumière.

La pluie printanière s'est mise à tomber. J'ai pu me rendre compte que, lorsque quelques gouttes passagères s'écrasent comme sur une plaquette de verre de laboratoire, il est possible d'observer les variations de grosseur des gouttes. Je discerne vaguement le mouvement des nuages, le tourbillonnement des feuilles. La silhouette brunâtre qui se déplace avec nonchalance appartient selon toute vraisemblance au rôdeur félin qui a ses entrées dans la propriété, dont on voit le ventre effilé. Un oiseau s'est posé sur l'auvent de verre, dessinant l'empreinte rose de ses pattes. A peine posé, il s'est mis à glisser. Sentant le danger, il a regagné en hâte le treillis. La vitre étant à moitié opaque, je n'ai pas réussi à distinguer quel oiseau c'était.

Les deux ou trois dernières années s'étaient écoulées dans l'effort dilatoire que je faisais pour quitter le poste que j'occupais dans une maison d'édition.

Quand j'allais boire en ville sous prétexte que cela faisait partie de mon travail, je ne me contrôlais pas, et le week-end, je jouais au base-ball comme un forcené, gâchant volontairement le temps que j'aurais pu consacrer à mon propre travail d'écriture. A force de laisser ainsi filer les jours, mon travail de rédacteur, qui consistait à soutenir l'écriture d'autrui, avait fini par devenir insensiblement ni fait ni à faire.

Un jour, la cause directe en était semble-t-il la fatigue due à un entraînement trop intensif, des cloques firent leur apparition sur mon avant-bras droit. Quelques jours plus tard, à l'épaule droite, qui se propagèrent sur la nuque. J'ignore si la faculté du langage croise à l'endroit du cou l'hémisphère gauche du cerveau, mais pendant un certain temps ma pensée fonctionna au ralenti, j'avais l'impression que les mots avaient de la peine à se former.

Un virus avait attaqué la moitié de mes membres que parcouraient des nerfs affaiblis, j'avais ce qu'on appelle un herpès. En dépit d'un mois de traitement, je ne savais toujours pas si cette modification de mon corps ne menaçait pas de survenir à nouveau. C'était pour moi l'occasion de prendre la décision de quitter mon poste. Pourtant, sans réussir à me dire que je pouvais vivre en menant à bien mon propre travail interrompu, sans me ressaisir ni trouver l'énergie de trancher, je laissais le temps passer dans la lassitude et le dégoût. Une fois que j'eus retrouvé mon équilibre grâce à notre installation dans cette nouvelle demeure, il me sembla entrevoir un sujet pour les années à venir.

Je me suis approché de ma femme qui était à la cuisine, et :

« Si on allait prendre un café ? ai-je proposé.

— Tu me fais frémir ! »

Cette crispation de ma femme signifiait qu'elle savait depuis longtemps ce que j'allais lui dire.

J'avais calculé la somme que je pouvais espérer de plusieurs travaux de rédaction qui m'avaient été confiés, mes droits d'auteur, et j'ai étalé sur la table du café, dans la rue commerçante près de la gare, le tableau que j'avais établi jusqu'au mois des rentrées d'argent escomptées. Le travail de ma femme, sous contrat avec une maison d'édition, consistait à relire des corrections d'épreuves, à vérifier certains faits ou leur provenance, à repérer les erreurs de la traduction manuscrite, les fautes d'orthographe, voire à reconstruire la phrase. Après m'être assuré du revenu annuel de ma femme additionné au mien, j'ai avancé que nous aurions l'avantage de pouvoir travailler ensemble à la maison.

Il s'est avéré que nous étions en mesure de subsister à nos besoins pendant environ un an et demi. Cependant, je savais pertinemment que rien ne permettait d'avoir la moindre assurance à plus longue échéance. J'étais le tentateur et, fort du principe qu'il ne faut à aucun prix laisser sentir à l'autre la moindre hésitation, je mis toute mon ardeur à défendre le charme de la nouvelle vie qui pouvait être la nôtre. Ma femme ne dissimula pas ses craintes, mais l'effort que représentait la volonté affirmée de son conjoint de quitter son travail, précisément dans la mesure où elle avait été témoin de la longue période de doute qui avait précédé la décision, semblait être d'autant plus difficile à récuser.

De retour à la maison, nous avons pris notre repas avant de nous rasseoir à la table le long de la fenêtre sud. Puis, chacun de son côté, nous nous sommes remis au travail, ce travail sans éclat et fastidieux. Lorsque je suis revenu à moi, la soirée était bien avancée. Ma femme a levé les yeux au-dessus d'elle sans quitter sa place, et elle a poussé un léger cri.

La pleine lune coulait comme une large rivière blanche, remplissant sur toute leur largeur les quatre mètres de vitrage que traversaient en damier d'invisibles fils de métal.

6

La fréquentation des écrivains m'avait appris que rien ne vaut une vie de liberté. Je tenais cette certitude des longues années que j'avais vécues à leur contact. Pourtant, je ne pouvais trouver que mystérieux le cours des choses qui m'entraînait à quitter de mon plein gré un emploi qui m'avait permis de collaborer, même si le pouvoir dont je disposais était infime, à une activité créatrice de premier plan.

Lié par le respect qu'ils m'inspiraient, proche d'eux sans toutefois oublier de maintenir une distance qui me les faisait mettre sur un piédestal, j'avais assisté aux débuts de la carrière de certains de ces hommes de plume. J'avais dépassé l'âge de trente-cinq ans, et c'est près de basculer dans l'âge mûr que je me retrouvais en train d'accomplir les formalités de ma démission.

J'ai quitté la maison d'édition en été 1987, j'étais libre, mais voilà qu'en janvier de l'année suivante, j'appris de façon brutale qu'un de mes amis, intime celui-là, que j'étais resté un certain temps sans voir, était près de mourir.

Y*** était mon aîné, c'était un compagnon de boisson, de base-ball aussi, et par-dessus tout un poète admirable, comme on en compte peu parmi les gens de ma génération. Marié et père de deux enfants, il avait acheté une maison en banlieue, à Saitama, et j'avais bien senti qu'il lui était pénible de trouver des prétextes pour décliner mes invitations à jouer au base-ball. De mon côté, j'avais plus ou moins cessé de le relancer, si bien que nous avions fini par nous éloigner l'un de l'autre.

Après avoir mené une vie d'activité intense dans une maison d'édition à Tôkyô, travail qui le contraignait la plupart du temps à rentrer chez lui par le dernier train, il s'était retrouvé atteint d'un cancer de l'intestin et avait subi une longue opération au printemps de l'année 1986. Les médecins lui avaient annoncé, ainsi qu'à ses amis, qu'il s'agissait d'un iléus. Homme du pays de neige, il était fort de caractère, et il avait repris ses activités dès sa sortie de l'hôpital, mais selon toute vraisemblance les escaliers des gares de correspondance avaient accéléré l'aggravation du mal.

Il n'avait presque rien publié. Les êtres nobles ne songent pas à écarter les autres pour s'ouvrir un chemin. Il devait aussi lui sembler que les temps allaient dans le sens d'une mise à l'écart des purs.

Sans attendre, je suis allé voir Y***, pour le trouver prostré sur son lit de malade, silencieux et fier comme un fauve épuisé, tournant péniblement vers moi un visage gonflé par la rétention.

Dans le couloir, le médecin m'a annoncé qu'il n'avait plus que deux semaines à vivre et j'ai pensé alors : « Dis-toi bien qu'on est en train de te tuer ! » Et j'avais l'impression que je voyais clairement ce qui allait l'emporter.

Cependant, un changement inattendu se produisit. Les cellules cancéreuses se détruisirent naturellement et commencèrent à être évacuées en même temps que l'urine. Y*** sembla miraculeusement sauvé. Puis, sous l'effet de puissants analgésiques, il se mit à parler avec magie, comme du temps où nous nous enivrions ensemble, et il tenait conversation avec ceux qui venaient lui rendre visite. Comme j'avais démissionné, le temps m'appartenait. Pendant quatre mois, je me suis régulièrement rendu dans cet hôpital de banlieue, tout comme je serais allé passer un moment dans un bar où j'avais mes habitudes.

Au cours de cette période, il corrigea lui-même ses poésies, que son entourage avait réunies en vue de la publication d'une édition complète, et il entreprit de relire les épreuves. Après ce travail de mise au point, il réussit tant bien que mal à rédiger quatre nouveaux recueils, avant de s'éteindre à la fin du mois de mai 1988.

Je songe maintenant qu'il est par trop cruel de mourir quand on n'a pas dépassé la trentaine. C'est ce que je pense aujourd'hui, mais le plaisir que j'éprouvais alors au contact de ce poète porté par la crête de la vague qui oscille entre le salut et l'irréparable était tel que sur le moment j'oubliais tout.

La découverte que je fis de l'existence d'un écran secret dans la maison eut lieu au moment où j'étais plongé dans la consternation que me causait l'annonce de la mort imminente de Y***.

J'ai entendu une voix qui m'appelait de la cuisine. Je me suis éloigné de ma table de travail pour aller voir, mais ma femme n'était nulle part, sa voix seule s'élevait au niveau de la petite bifurcation du passage de l'Eclair.

« Regarde bien ! Là, la fenêtre de la cuisine ! »

Dans un coin, la pénombre enveloppait la moitié d'un tatami qui ne servait à rien sauf à permettre d'ouvrir la porte des toilettes que l'on tirait vers soi, et la fenêtre qui s'étendait comme un écran, l'unique fenêtre de la maison exposée au nord, demeurait fermée sur la légère froidure printanière. Au milieu de la vitre dépolie, étaient-ce les contours de la palissade qui se dessinaient ainsi, j'ai fixé pour la première fois mon attention sur les lignes vertes qui apparaissaient vaguement. Juste à ce moment, à peine ai-je perçu un bruit délibéré de pas se rapprochant vers la droite, ma femme s'est détachée sur la gauche, comme dressée de toute sa hauteur, portrait en pied aux vives couleurs naturelles. Tandis que je la regardais, décalée par rapport au bruit de ses pas, elle a disparu vers la droite.

Vivement, j'ai soulevé le vasistas. Il y avait un trou dans les veines du bois, à peine de la grosseur d'une pièce, et quand on y collait l'œil, la verdure luxuriante qui s'étendait de l'autre côté de la sente devenait visible. La lumière se réfléchissait à l'endroit de l'orifice.

J'ai demandé à ma femme d'aller et venir, et j'ai joué ainsi sans me lasser avec cette illusion naïve et lumineuse. Puis je l'ai appelée à l'intérieur pour prendre sa place dans la sente. Enfin, nous nous sommes assis dans le vestibule et nous sommes restés ainsi à attendre le passage peu probable d'une silhouette. Cette maison où le vent se frayait aisément passage, telle une boîte noire qui ne reflète que les éléments nécessaires, m'apportait la paix.

7

Ma mémoire évoque sans se lasser la scène où, pour la première fois, le petit chat Chibi a pénétré dans le pavillon que nous avions loué. A la mi-septembre, l'état de l'empereur, qui avait craché du sang, s'était aggravé brusquement, c'était à un moment avancé de l'automne 1988, où tout un chacun se sentait déjà l'âme endeuillée.

Devant le jardinet qui n'était séparé de l'autre, immense, que pour la forme, il y avait un espace cimenté, juste de quoi installer une machine à laver. Un après-midi de claire lumière, il s'était frayé un passage, on ne sait à quel moment, s'était faufilé par le minuscule espace laissé par la porte à glissière, et quatre pattes étincelantes de blancheur se sont posées sans hésitation sur la claie à moitié au soleil. Tout en exhibant une curiosité de bon aloi qui émanait de toute sa personne, il a parcouru tranquillement du regard notre modeste intérieur.

Notre propriétaire, qui était une vieille dame, était sans cesse à chasser le chat tricolore qui appartenait à la maison du côté sud. Elle en poursuivait un autre, une vieille chatte errante brunâtre, ou plutôt couleur de boue avec des traces d'encre. Ma femme avait entendu dire qu'elle allait jusqu'à écarter les portes coulissantes pour tenter de pénétrer dans la maison en l'absence de ses habitants, et elle l'avait surnommée affectueusement Fangette.

L'une des clauses du contrat de location stipulait qu'il était interdit d'avoir des enfants et des animaux, mais un jour, la vieille dame avait prononcé des mots d'excuse à ce sujet, d'un ton familier. Le couple de vieillards tenait simplement à sa tranquillité.

Cette vie paisible dépassa le seuil de la tranquillité au bout de quelque temps, quand le vieux monsieur, très affaibli, dut rester allongé dans une chambre à l'ouest de la maison principale. J'ai pensé alors que la vieille dame avait cessé de poursuivre les chats. Quoi qu'il en soit, peu leur importait l'immensité du jardin ou la hauteur du mur de clôture, les chats s'en donnaient à cœur joie, folâtraient plus encore que de coutume, et prenaient des allures capricieuses.

Maintenant que Chibi avait retenu le goût de la petite maison, pour peu qu'on lui ménage un interstice, il avait pris l'habitude de venir en douceur. Il ne faisait pas d'espièglerie pour autant, se contentant de parcourir la maison dans ses moindres recoins. Il n'était pas rare que la blancheur éclatante de sa robe où flottaient par endroits des ronds de fumée se mêle aux objets posés çà et là dans la pièce.

Comme je l'avais déjà remarqué, Chibi ne miaulait pas. Il ne se laissait pas non plus prendre dans les bras. Dès qu'on tentait de le soulever, il laissait échapper un léger cri, si faible qu'on doutait d'avoir entendu quelque chose, et montrant légèrement les dents, il s'échappait des mains qui tentaient de le retenir.

Tout de suite, ma femme se montra railleuse et se moqua de son époux qui s'était fait mordre.

« Moi, je ne le prends pas dans mes bras. Il faut le laisser entièrement libre », déclara-t-elle. Chibi qu'on ne pouvait même pas caresser allait et venait dans la maison, et quand l'envie l'en prenait, il s'endormait dans la position qui lui plaisait.

Entre la fin de cette année 1988 et le début de l'année suivante, tout mon temps fut consacré à deux ouvrages qu'il me fallait terminer. Le 31 décembre, j'allai sonner la cloche [1] dans un

---

1. Le soir du 31 décembre, entre les dernières minutes de l'année et le début de la nouvelle année, on a coutume d'aller sonner la cloche dans un temple.

vieux temple du quartier, je fis la première sortie de l'année au sanctuaire situé du côté opposé, et j'écartai les pans du *noren*[1] du marchand de nouilles qui restait ouvert cette nuit-là. Mis à part ce rituel, je restai rivé à ma table de travail sans connaître la transition d'une année à l'autre, sans jour de l'an. Le travail que j'achevai peu avant l'aube avait ôté à la maison toute douceur. Au moment où j'entrais dans un état d'urgence tant la fatigue se faisait dense, sans déroger pourtant, à travers les grandes vitres orientées au sud en face desquelles était placée ma table, j'ai aperçu une petite silhouette vaguement blanche qui me regardait, les deux pattes de devant posées sur le rebord de la fenêtre, depuis le *nure-en* sur lequel elle avait sauté.

Alors j'ai ouvert la fenêtre, j'ai fait entrer le visiteur que l'aube de l'hiver m'avait amené, et d'un seul coup, tout est revenu à la vie.

Ce fut notre premier hôte du jour de l'an. C'est ainsi qu'on nomme celui qui va de maison en maison pour présenter ses vœux. Curieusement, ce visiteur était entré par la fenêtre et n'avait pas prononcé les formules d'usage, mais avec ses deux pattes soigneusement posées l'une à côté de l'autre, c'était comme s'il savait la manière de saluer.

---

1. Etoffe tendue en travers de l'entrée d'un magasin ou d'un restaurant, servant d'enseigne commerciale, et qui indique, selon qu'elle est déployée ou non, que la boutique est ouverte ou fermée.

C'est ainsi que l'année débuta, et le 7 janvier, la nouvelle de la mort de l'empereur se répandait à travers le pays. A peu près au même moment, mes deux textes étaient achevés. L'un comme l'autre avaient pour sujet le base-ball.

8

J'ai aménagé une ouverture en sorte qu'aucun autre chat que Chibi ne puisse passer.

Sous la fenêtre qui troue le mur au sud court tout du long une petite galerie en verre dépoli de quarante centimètres de haut, destinée à jeter la poussière à l'extérieur. En maintenant ouvert le battant sur sept centimètres, cela créerait un courant d'air qui seul guiderait Chibi depuis cette extrémité. Pour éviter que l'air froid ne pénètre ou encore les insectes, j'ai laissé pendre un morceau d'épaisse cotonnade bleu indigo ornée de motifs de fleurs.

Dans un coin de la pièce de tatamis qui est bordée sur un côté par une partie planchéiée, j'ai disposé un carton qui avait contenu des mandarines et j'en ai fait sa chambre particulière. J'ai étalé au fond un tissu en éponge et posé une assiette pour la nourriture. A côté du carton, j'ai mis une soucoupe de lait.

Un jour, Chibi se présenta juste après que le carton avait été transporté dans une autre pièce pour qu'on puisse faire le ménage. Quand il s'aperçut que la boîte ne se trouvait pas à sa place habituelle, il demeura perplexe et finit par rester le derrière posé par terre, les pattes bien droites.

Il arrivait que son collier rouge devînt mauve. Nous ignorions quelle couleur il arborerait quand il ferait son apparition du jour. De son côté, Chibi semblait admettre d'être choyé d'égale manière par les habitants d'une maison qui ne pouvaient pas se permettre de lui changer son collier.

Une fois, lorsque Chibi se présenta, il se trouva que deux rédacteurs étaient par hasard venus me voir. Conscient de leur présence, comme pour bien montrer qu'il était choyé chez nous, il se mit à tourner plusieurs fois autour de ma femme qui se tenait debout, lui frôlant les jambes.

Un après-midi après l'équinoxe de printemps, Chibi revint en tenant un moineau entre les dents. Le poil dressé, il ronronnait, faisait exprès de courir avec bruit d'un bout à l'autre du pavillon. Le corps aplati puis redressé, en position de combat, il frémissait d'excitation. Je connaissais cette habitude qu'ont les chats de venir présenter à leur maître la proie qu'ils ont chassée, mais la façon dont Chibi parcourut la maison en tous sens sans cesser de ronronner, plusieurs fois, semblait indiquer que c'était au pavillon lui-même qu'il voulait la montrer. Puis il partit dans le grand jardin, à un endroit où poussait du colza, et joua avec l'infortuné moineau jusqu'à ce que celui-ci cesse de remuer.

« Si je ne prends pas Chibi dans mes bras, commença ma femme après avoir enterré l'oiseau, c'est parce que je suis contente quand les bêtes font ce qui leur plaît. »

En avril, on voyait voler presque au ras du sol une multitude de ces minuscules papillons qui ressemblent à des coquillages, bleu cendré, si bas que l'on avait l'impression qu'en marchant on les aurait foulés aux pieds.

Les animaux, les chats par exemple, ont chacun leur caractère, ce qui est plus intéressant que de les mettre tous à la même enseigne. C'est ça qui est remarquable, a-t-elle ajouté.

« Pour moi, Chibi est un ami qui me comprend, un ami qui a l'apparence d'un chat. »

Et l'observation exempte de sentimentalité est la meilleure façon d'aimer. Elle m'apprit que c'était une maxime énoncée par quelque penseur. Apparemment, ma femme notait sur un grand cahier les faits et gestes de Chibi au jour le jour.

En juin, confiant la maison à ma femme en mon absence, je partis en déplacement dans plusieurs villes du Canada et d'Amérique. C'est, semble-t-il, dans cet intervalle qu'un changement se produisit dans le comportement de Chibi. Le lui avait-on appris, il ne marchait jamais sur les futons dépliés. Or un soir que ma femme était couchée, il s'avança précautionneusement sur l'édredon et s'allongea dessus. Il avait fini par s'endormir près d'elle, me raconta-t-elle.

Il fallait s'y attendre, j'avais pris froid en Amérique. Le soir de mon retour, je me couchai sans attendre. Comme il en avait pris l'habitude, Chibi grimpa sur le futon et s'aperçut que l'être humain qui se trouvait à l'intérieur n'était pas celui auquel il était habitué.

Après un moment d'hésitation, il sauta sur la coiffeuse, considéra son reflet dans la glace et, de l'extrémité de l'étoffe, bondit dans l'obscurité du placard. C'est ainsi qu'il fit de la partie supérieure du placard, cachée derrière un morceau d'indigo, sa chambre principale. Depuis, Chibi peut venir y dormir à tout moment, et pour que les habitants du logis puissent dormir au même rythme, nous sortons les futons du placard dès que le soir descend.

9

Le 21 juin 1989, ma femme rompit toute relation avec Chibi.

Un parent de Kyûshû était venu nous voir à Tôkyô et avait apporté un cadeau à ma femme. C'étaient des squilles, ces magnifiques crustacés qu'on peut prendre dans la mer d'Ariake, et qu'on appelle *shappa* là-bas. Le paquet ouvert, je me suis même demandé si elles n'étaient pas deux fois plus grosses, ou presque, que celles qu'on trouve ordinairement chez le poissonnier.

La tête surmontée de deux paires d'antennes, une grande et une petite, elles possèdent cinq paires de pattes, dont la deuxième sur le ventre est en forme de serpe et leur sert à attraper langoustines et crabes, paraît-il. La queue est aplatie en forme de planche pour leur permettre de creuser un trou dans la vase en eau peu profonde. D'un léger brun, le dos est strié de lignes irisées.

Celles du début de l'été, porteuses d'œufs, partie délicieuse entre toutes, sont un mets rare. Sans attendre, nous les avons fait cuire avec un peu de sel pour les servir au dîner. Dans le tintement du grelot de son collier, l'hôte félin surgit.

Dès que Chibi eut remarqué les squilles intactes, il devint brusquement très excité. Son attitude était tout à fait différente de celle qu'il montrait quand il espérait obtenir du poisson grillé ou une tranche de poisson cru. Et ma femme, tout en lui parlant comme d'habitude, présenta devant le nez de Chibi, qui se tenait à ses côtés, une squille qu'elle avait saisie entre ses doigts et décortiquée.

Le chat avait le poil hérissé comme une nageoire dorsale. Sa queue dilatée était grosse comme celle d'un blaireau. Après l'avoir dévorée en un clin d'œil, était-ce à cause du goût ou de la consistance, ou encore de la sensation au moment du passage dans le gosier, il se mit à présenter les symptômes d'une excitation différente.

Ma femme lui en décortiqua une autre. Chibi se jeta dessus et la dévora. Après un certain temps, elle lui en donna une troisième. Lorsque Chibi l'eut engloutie, je vis de ma place, qui me le montrait de face, sa langue rose se retourner comme une flamme.

Chibi ne put se maîtriser le temps qu'on lui en prépare une à nouveau. Comment dire, son corps tout entier exprimait une exaspération croissante en face de cette lenteur, ses yeux se fendirent comme ceux d'un démon féroce, les pattes qui s'avançaient en direction de la table basse se transformaient à vue d'œil en rabots.

« Je te défends ! Attends ! »

Devançant son cri, les dents de Chibi qui s'apprêtaient à saisir leur proie s'enfoncèrent profondément dans la paume de ma femme qui tentait d'éloigner l'assiette de squilles.

Le sang se mit à couler. Plutôt qu'un cri, la voix en colère gronda et le petit chat qu'on avait tapé revint à lui-même, comme si l'enchantement qui l'envoûtait s'était dissipé.

« Va-t'en ! C'est fini entre nous ! »

Surpris par la violence du ton, Chibi prit la fuite et disparut par l'interstice de la fenêtre. L'expression « c'est fini entre nous » me sembla amusante, mais j'eus tôt fait de comprendre que ma femme n'avait pas parlé à la légère.

« Il m'a mordue pour de bon ! » dit ma femme en grimaçant de douleur. Je pensais que c'était un incident passager autour de simples crevettes, mais la blessure était en réalité plus profonde que je ne l'avais cru.

La fenêtre resta fermée, la cotonnade bleue à fleurs, le carton de mandarines, l'assiette et le tissu éponge, tout fut rangé. Le lendemain, le surlendemain, les traces de pattes qui avaient sali sans qu'on s'en aperçoive la grande fenêtre furent essuyées sans un mot par ma femme.

Trois jours entiers passèrent. Dans la nuit du quatrième…

On entendit un bruit du côté de la grande fenêtre. Le bruit se répéta, plus fort. Ma femme se leva, sortit de la pièce japonaise et alla écarter le rideau : la mine tendue, avec obstination, on cognait le front contre la vitre.

Je me permets ici de jeter un coup d'œil sur les notes de ma femme, et voici ce que je lis :

« Tout blanc, tout petit, semblable à un oiseau qui, les yeux grands ouverts, se cogne contre un réverbère. »

10

Un après-midi, le 7 juillet 1989, le téléphone sonna d'une distance toute proche, pour me prévenir que la voiture qui devait venir les chercher était arrivée, et j'allai non sans une grande tension saluer les propriétaires avant leur départ.

On fit monter dans la voiture le vieux monsieur qu'on avait assis sur un fauteuil roulant et qui semblait ébloui par le ciel tout ensoleillé. Le chauffeur qui portait des gants blancs voulut replier le fauteuil roulant et le placer à l'arrière de cette voiture destinée à transporter des malades, mais il l'avait mis dans le mauvais sens, si bien qu'il dut refaire l'opération. Le vieux corps fatigué enveloppé d'une couverture légère fit un tour sur lui-même dans la rue. Un groupe de lycéens en uniforme passa en se retournant pour jeter un coup d'œil par-dessus l'épaule. La vieille dame qui tenait seulement un sac à main saluait chacun poliment, tous ceux qui s'étaient rassemblés pour leur dire au revoir. Puis le marchand de pétrole, qui avait pris l'initiative d'accompagner sa vieille cliente, arriva au volant de sa voiture dans laquelle on ne l'avait jamais vu. La vieille dame prit place à côté de lui, et à ce moment-là, son visage eut du mal à contenir sa tristesse.

Lorsque la voiture eut disparu en haut de la côte, j'ai pénétré pour la première fois par l'entrée principale dans la maison désertée par ses habitants, et avec la femme de ménage qui avait jusque-là apporté son aide, nous avons échangé dans la cuisine quelques propos destinés à adoucir la tristesse de l'adieu. Après son départ, j'ai ajusté la serrure de la nouvelle porte qu'on avait fait poser en vue d'une longue absence. Puis j'ai de nouveau pénétré dans la maison à présent vidée de tous ces objets familiers que les vieilles mains avaient touchés chaque jour, allant d'une pièce à l'autre pour vérifier tout, des placards aux moustiquaires. C'est à ce moment que s'est gravée dans ma mémoire la date, qui m'a sauté aux yeux quand je les ai posés sur une éphéméride restée accrochée à une poutre du salon : 7 juillet, la fête de Tanabata[1].

Debout sur la véranda exposée au sud, j'ai embrassé du regard l'immense jardin. Je me suis rendu compte que je n'avais saisi qu'à moitié l'intérêt que présentait ce jardin, depuis mon pavillon de location situé à l'est. Le vieillard avait beau me dire à travers ses arbres qu'il chérissait : « Surtout, n'hésitez pas à vous promener en toute liberté ! », je n'avais jamais foulé que la moitié orientale du jardin. J'apercevais le vieux monsieur à travers la vitre, allongé sur une chaise à bascule de la chambre

1. Grande fête de très ancienne tradition qui célèbre la rencontre annuelle dans la Voie lactée de deux étoiles, la Tisserande et le Bouvier.

ou dans son lit, immobile, quand il lui fut devenu impossible de bouger.

Mais la demeure avait perdu ses occupants. Le maître était désormais absent.

Depuis la véranda de la grande maison vide, on pouvait constater que la palissade qui marquait la limite avec les voisins au sud était cassée et penchait, laissant s'enchevêtrer à leur aise lierre et autres plantes grimpantes.

Il avait fallu beaucoup de temps au vieillard pour s'habituer à l'idée qu'il ne pouvait entretenir ce jardin tout seul. A force de veiller sur son époux, la vieille dame avait peu à peu perdu sa vitalité. Un jour ou l'autre, les questions de succession qui surviendraient après leur mort ne pourraient être écartées. La vieille dame, qui non seulement abhorrait de façon exagérée l'idée de devenir une charge pour ses propres enfants mais même d'être redevable à des tiers, en même temps qu'elle constatait son affaiblissement, semblait avoir depuis un an environ arrêté la décision de mettre en ordre les trente années qu'elle avait vécues dans cette maison et de tirer un trait sur son passé pour s'installer dans une maison de retraite nantie d'un service médical.

Puisqu'il en était ainsi, le locataire que j'étais décida de se familiariser avec l'immensité du jardin qui respirait sans bruit depuis le départ du maître des lieux, et je mis pleinement à profit le temps qu'il me restait à passer dans ce lieu. Je m'emparai du tuyau d'arrosage, je le fixai au robinet relié à la pompe automatique. Alors, craintivement, une libellule que je voyais toujours posée sur un grand rocher en bordure de l'étang bien exposé au soleil, élevant dans l'air le milieu de son corps bleu transparent poudré de blanc, s'approcha de l'eau du puits sur laquelle rebondissaient les gouttes du tuyau. Je mis un doigt sur l'extrémité pour en rétrécir l'ouverture, l'eau se scinda en deux filets et je dirigeai le jet haut vers le ciel. Est-ce parce que la distance était suffisante pour qu'elle ne s'effraie pas, la libellule ne s'envola pas et, tel un appareil de précision, s'approcha pour boire à cette eau qui jaillissait dans les airs.

Au fur et à mesure que, chaque matin, ce geste se répétait, elle en vint à voler sans hésitation, et restait un long moment installée dans la cascade aérienne. Je tenais d'un livre que le mâle vit en solitaire, recherche les points d'eau et possède un terrain d'action assez étendu, et j'ai pensé que ce devait être toujours le même insecte.

« Tu es mon ami », ai-je failli murmurer, et j'ai joué avec lui jusqu'à ce qu'il finisse par s'envoler.

Entre la maison principale et le pavillon, on avait aménagé une perche qui servait à étendre le linge, avec des clous et des fils de fer grossièrement arrangés qui s'entrecroisaient à faible hauteur. Un jour, à la fin du mois d'août, j'ai découvert sur la perche le jeune insecte encore bleu vif, la queue renversée, qui formait un ovale déformé avec une libellule jaune. Je me suis approché et, sans détruire leur forme, ils se sont envolés pour s'installer à l'extrémité d'une branche d'arbre à l'ouest. Je suis allé plus près pour les observer, le cœur ovale s'est de nouveau élevé haut dans le ciel.

11

Nettoyant la fange de l'étang, enlevant les toiles d'araignée entre les pierres et les brindilles, j'ai continué pendant un certain temps d'arracher les mauvaises herbes, en guise de passe-temps pour me distraire de mon travail d'écriture, mais le jardin s'était transformé en un immense espace plein de recoins, et l'une après l'autre surgirent toutes sortes de difficultés d'entretien. Si je commençais à m'occuper des détails, une demi-journée s'écoulait en un clin d'œil. Je sentais bien que jamais des mains profanes ne parviendraient à recomposer l'harmonie d'ensemble du jardin.

Cette maison et son jardin seraient probablement mis en vente d'ici un an à peine. Pourtant, tout en le sachant, dans un coin de ce jardin qu'on pouvait déjà considérer à l'abandon, je m'étais mis à mener la vie d'un jardinier à demeure.

La vieille dame, à présent installée dans son appartement de banlieue destiné aux personnes âgées, avait pris l'habitude de nous téléphoner dès qu'il se passait quelque chose. De mon côté, je cherchais des numéros de téléphone dans le carnet qu'elle avait laissé, j'allais prendre pour elle des papiers à la mairie, elle me chargeait de courses diverses. Je n'oubliais jamais de lui demander des nouvelles du vieux monsieur, dont l'état se dégradait lentement, et elle finit par m'apprendre un jour qu'il avait été hospitalisé non loin.

Au moment de raccrocher, elle ne manquait jamais de dire :

« Surtout, n'hésitez pas à utiliser la maison comme bon vous semble ! »

Quand l'habituelle recommandation « Faites marcher la climatisation ! » se transforma en « Allumez le chauffage ! », l'automne était déjà bien avancé.

Le vieux monsieur s'éteignit à l'hôpital. C'est leur fille qui m'apprit la nouvelle, ainsi que la demande réitérée de sa mère de célébrer les obsèques dans un crématorium près de l'immeuble. En fait, nous étions plus ou moins directement conviés à y assister. Maison principale et pavillon détaché n'avaient entretenu de relations que durant trois années, mais je me retrouvai au milieu des personnes présentes avec l'impression d'être un parent éloigné débarqué de fraîche date.

Il y a une chose que j'ai souvent remâchée en moi-même. Il est indéniable que ma femme et la vieille dame s'entendaient à merveille, je ne sais pourquoi. Elles occupaient le même territoire, ni trop proches ni trop distantes non plus, et il est vraisemblable que cette situation a eu une influence positive. Mais enfin, un étranger est un étranger, si bien qu'au retour de la cérémonie nous sommes allés au stade de Tokorozawa assister à la demi-finale du championnat de base-ball. Dans nos habits de deuil, nous avons tous deux participé pour la première fois aux manifestations de l'enthousiasme collectif. En même temps, aller voir ce match, c'était un peu comme si nous obéissions à la volonté de la vieille dame. Elle avait en effet toujours montré, dans sa façon discrète de prêter attention aux autres, l'importance qu'elle donnait au fait de se comporter avec naturel.

« Vous n'avez pas d'enfants et c'est bien comme ça. Rien n'oblige à faire des enfants. Vous n'en avez pas, voilà tout, c'est aussi bien. »

C'est ce qu'elle avait coutume de répéter à ma femme quand celle-ci se tenait assise sur le seuil de la porte de service. D'après ma femme, ce n'étaient pas de simples mots de consolation, les paroles de la vieille dame avaient un accent de vérité. Pour autant, elle ne donnait nullement l'impression d'être lassée des enfants pour avoir souffert à cause d'eux. Elle nous avait raconté qu'elle en avait eu quatre, et si nous avions eu l'occasion de voir l'un ou l'autre, ceux que nous ne connaissions pas nous avaient été présentés pour la première fois aux obsèques et ils nous avaient tous paru des adultes à part entière, sympathiques, qui avaient à leur tour fondé un foyer. Ce que la vieille dame disait, à cette lumière, rendait un son encore plus convaincant.

Depuis la fête de Tanabata, j'ouvrais dans la journée les fenêtres de la maison principale donnant sur la véranda. Je transportais la table du vieillard qui se trouvait près du lit dans la pièce à l'occidentale et j'en faisais un petit bureau. Calé dans un fauteuil profond qui avait servi au salon, je me mis à écrire, avec le jardin exactement en face en moi. Même les jours de canicule, je n'allumais pas la climatisation. Non seulement je n'aimais pas ça, mais la situation en retrait de la maison ne le nécessitait pas vraiment.

A me trouver plongé dans une atmosphère vidée de toute vie, où les objets quotidiens avaient presque disparu, la présence de la maison elle-même se faisait plus dense. Justement parce que ce n'était pas ma maison, je percevais une présence, intense et mystérieuse, qui imprégnait les murs.

Il arrivait que j'aille répondre à l'appel du téléphone qui sonnait dans le pavillon, et quand je revenais après avoir laissé un moment la maison vide, je découvrais Chibi qui, sorti de chez les voisins dans l'intention de jouer dans le jardin et ayant pénétré dans la maison, décampait à mon approche alors qu'il n'aurait sûrement jamais fui le pavillon. Mais le fait de se trouver nez à nez avec moi dans un décor inhabituel créait une autre relation.

Quand je restais longtemps assis dans le fauteuil du vieillard, les libellules et papillons qui volaient au-dessus de la véranda finissaient par pénétrer dans l'ombre du salon. Ils allaient de pièce en pièce, s'attardant parfois un long moment. Un gros papillon aux ailes noires tachetées d'un bleu mystérieux vint se poser avec nonchalance sur le bord d'un coussin abandonné sur la véranda.

C'est ainsi que s'écoula cette année 1989, qui vit le changement d'ère[1], l'été passa, vint l'automne qui à son tour toucha à sa fin.

Tard le soir, je continuais à gratter le papier dans le chant des insectes, en solitaire. Le spectacle qu'offrait ce jardin dans le style de Kyôto, avec ses massifs taillés en boule, correspondait à l'image qu'on se fait du lieu de travail idéal pour un écrivain, trop parfait, comme dans les gravures

---

1. Voir note p. 14.

d'autrefois, et il manquait de réalité. Mais à la pensée que ce lieu me serait immanquablement arraché, j'étais habité par la nécessité impérieuse d'en finir avec un travail que j'avais entrepris depuis longtemps, et je me montais un peu la tête.

Un soir, à une heure avancée, j'ai entendu coulisser la porte d'entrée qui était pourtant censée ne pas s'ouvrir. Je me suis avancé dans le long corridor et j'ai découvert une silhouette dans les cinquante ans, vêtue d'un costume. J'ai senti que si l'homme m'avait appelé par mon nom avant même que je l'aie vraiment vu, c'était pour me rassurer.

« Excusez-moi, j'ai bien pensé à passer un coup de fil avant de venir, mais… Restez, je vous en prie ! »

C'était un des fils de la vieille dame qui m'avait salué aux obsèques, et je savais qu'il faisait partie du conseil d'administration d'une société. Comme il habitait loin au sud-ouest de Tôkyô, la vieille dame m'avait prévenu qu'il viendrait passer la nuit si son travail le retenait tard dans la capitale.

Sur la petite table du vieillard que j'avais installée sur la véranda, s'entassaient pêle-mêle documents et livres de toutes sortes ainsi que des feuillets griffonnés. A part cela, la pièce était vide, mais lui, comme un familier du lieu, encore un peu gris, a ôté sa veste, desserré le nœud de sa cravate. Il m'a donné l'impression d'agir ainsi pour ne pas me froisser, car j'étais dans une tenue des plus négligées.

« Je vous en prie, poursuivez votre travail », a-t-il dit gentiment. Moi, j'ai rassemblé précipitamment mes affaires et je me suis replié en hâte dans le pavillon.

12

Chibi, pourtant sans égards pour les êtres humains qui occupent le pavillon, opère une métamorphose intégrale dès qu'il pénètre dans le jardin depuis la maison voisine. Reniflant dans tous les coins de la véranda, il jette des regards obliques, s'arc-boute sur les pattes de devant, bondit, court parfois en tous sens à une vitesse folle comme s'il avait perdu tout contrôle. Cette scène se reproduisait au quotidien, tard dans la nuit, jusqu'à l'aube, après que la lanterne de pierre eut cessé de s'allumer depuis le départ du vieux couple.

Je crois que pour Chibi, cet endroit représentait une forêt.

Quand on flânait ensemble dans le jardin, son corps était à certains moments soulevé par des vagues, il communiait avec le lieu avant de se mettre à courir loin comme un fou, escaladait le sommet d'un arbre, et comme s'il voulait s'échapper davantage encore, il balançait son corps dans le vide, tremblait avant de se préparer à bondir… Il m'a été donné d'être le témoin de tous ces instants extrêmes.

Maintenant que j'avais la jouissance du vaste terrain pour le même loyer, j'avais pris l'habitude de jouer avec ce petit invité qui tenait de l'explorateur, mais notre jeu était dès l'origine inscrit dans le temps.

Le vieux monsieur s'éteignit en octobre et la vieille dame fit de nouveau connaître à ses quatre enfants la décision qu'elle avait prise après avoir mûrement réfléchi. Depuis ces dernières années, les droits de succession étaient devenus exorbitants en raison de la hausse démentielle du prix des terrains, et elle s'était résolue à régler la question en vendant maison et terrain ensemble. En attendant la mise en vente, le délai d'occupation des lieux fut fixé au mois d'août de l'année suivante, c'est-à-dire à l'été 1990. A songer que viendrait bientôt le moment de se séparer, chaque soir que je passais à jouer avec Chibi était mêlé de tristesse.

J'ai envisagé la possibilité de rester. Mais tous les plans que j'échafaudais demeuraient impuissants face à la flambée des prix qui n'arrêtaient pas de monter depuis trois ans dans tout le pays. Je dois à cet air du temps d'avoir compris ce que signifient les morcellements de terrain.

En esprit, je traçais la limite la plus juste laissant subsister le pavillon et je divisais le terrain dans le sens sud-nord. Si je pouvais me rendre acquéreur de cette partie, il serait possible de continuer la vie avec Chibi. Mais même en calculant ainsi, c'était totalement au-dessus de mes moyens.

Lorsque par le pouvoir de l'imagination je me plaçais du point de vue de Chibi, j'avais du chagrin.

Un jour, par hasard, il trouve fermée la maison où il a l'habitude de passer la nuit. Passant une patte par une fenêtre, il regarde à l'intérieur : elle est vide et sombre. Toutes les issues sont fermées. Plusieurs jours de suite, il revient. Il frappe de la tête contre la vitre. Personne. Bientôt, une entreprise de démolition surgit et se met à détruire brutalement la maison abandonnée et son jardin…

Mais après tout, tout cela n'est que le fruit de l'imagination de l'homme.

Je me suis mis en quête d'une autre location dans les agences immobilières du voisinage. Je n'ai rien trouvé qui fasse l'affaire. Pour pouvoir continuer la vie avec Chibi, j'ai décidé de faire de l'orme le centre de mes recherches et de parcourir toutes les rues à partir de ce centre.

« Et si on le prenait avec nous tout simplement, oui, si on l'enlevait ? » ai-je dit à voix basse, exprès. Ma femme a souri faiblement. Son sourire voulait dire qu'elle avait du mal à comprendre que celui qui pénétrait ainsi jusqu'au fond de la maison, jusqu'au fond de nos cœurs, ne fût encore qu'un simple invité.

13

Novembre a pris fin, le safran du jardin allait bientôt cesser de nous offrir ses fleurs mauves.

Tandis que ma femme s'apprêtait à planter les bulbes, Chibi s'était approché par-derrière, avait avancé une patte craintive vers la terre retournée, comme pour l'inciter à creuser davantage, et c'est ainsi qu'avait fleuri le safran.

L'automne allait s'approfondissant, et quand l'orme s'est dépouillé de toutes ses feuilles ou presque, nous nous sommes mis pour de bon à la recherche d'une maison. C'est alors que les visites de Chibi, j'ignore pourquoi, se sont intensifiées.

De fait, il n'était pas rare que le temps qu'il passe chez nous excède une demi-journée. Je dis qu'il nous honorait de sa présence, mais la plupart du temps, excepté les moments où il mangeait les petits poissons que ma femme lui faisait griller, il dormait dans le carton installé dans un coin de la pièce japonaise, ou bien, assis sur la table près de la fenêtre, il contemplait le paysage.

Nous l'observions qui, bondissant sur la coiffeuse, se lançait sur la pile des futons en écartant l'étoffe qui dissimulait le haut du placard de rangement, puis nous le laissions tranquille quelques instants.

Choisissant le moment, ma femme soulevait le bord du rideau et jetait un regard furtif à l'intérieur. Généralement, il était à sa toilette, lissant sa fourrure de sa petite langue, et quand par hasard il s'interrompait, c'était pour jeter un œil par-dessus son épaule, repoussant ainsi l'observateur. Quelques instants après, quand on regardait de nouveau, on le découvrait en boule, les paupières sur le point de se fondre, au seuil du sommeil. Un peu plus tard encore, le flanc parcouru de légers soubresauts, il dormait dans une quiétude parfaite.

Le spectacle de ma femme en train de soulever le rideau pour observer le chat était drôle à voir. C'est d'abord qu'à son rire étouffé je pouvais imaginer les postures variées de Chibi pendant son sommeil, mais aussi parce qu'elle ignorait que je la regardais, elle qui servait de médiateur entre le chat et moi.

Les allées et venues de Chibi finirent par se chiffrer à dix dans la même journée. Son sommeil dans cette maison durait trois heures à chaque fois, trois fois par jour. Après le coucher de ses maîtres, les gens de la maison d'à-côté, alors que la lumière brillait ici et là dans notre petit pavillon, il franchissait la frontière et se présentait. Puis, après avoir signifié par quelques mimiques son désir de jouer, le jeu à la balle commençait dans l'obscurité du jardin. Peu avant l'aube, épuisé, il entrait de lui-même dans le placard et s'endormait. Il avait l'air de trouver confortable cette auberge permanente qui réunissait ces qualités essentielles que sont la pénombre, l'odeur d'une présence humaine et la mollesse d'un coussin.

Le couple que le travail retenait le soir à sa table s'endormait comme à la suite du chat, mais le petit hôte se levait au plus tard à sept heures quarante, avalait son petit déjeuner servi dans son carton, accompagné du lait qu'il ne manquait jamais de trouver dans la soucoupe disposée à côté, et s'en allait à pas pressés.

S'il se dépêchait ainsi, c'était semble-t-il pour dire au revoir au petit garçon qui allait au jardin d'enfants, cela, il nous a fallu un certain temps pour le comprendre.

A un certain tournant du passage de l'Eclair, la voix pleine d'entrain de l'enfant, qui n'écoutait que d'une oreille les recommandations réitérées de sa mère, frappait notre tympan engourdi par le sommeil. Quoi qu'il arrive, Chibi attendait ce moment, et s'il avait quelque retard, il se hâtait pour ne pas manquer ce départ, cela aussi, nous l'avons compris. Car, à la voix de la mère et de l'enfant, se mêlait le tintement du grelot.

Après avoir suivi l'enfant des yeux, il poursuivait sans doute selon son caprice l'exploration du jardin ou encore il élargissait son champ d'investigation. Dans l'intervalle, il mangeait peut-être à l'endroit qui lui était réservé dans la maison voisine, peut-être encore nourrissait-il le projet de s'assoupir. Parfois, il revenait alors que nous n'étions pas encore levés, entrouvrait le rideau du placard, bondissait sur l'édredon et s'abandonnait de nouveau au sommeil.

Chaque fois que nous nous levions tard, ma femme jetait un coup d'œil derrière le rideau.

« Enfin, ce chat ne serait pas à nous ? » disait-elle d'un air heureux en le regardant dormir.

A force de le voir entrer chez nous comme dans un moulin, y manger et dormir tout son saoul, la frontière qui nous séparait de la maison voisine devenait plutôt équivoque. Il est là, il est parti, cette façon que nous avions de parler de lui, il est rentré, il est parti, on aurait pu croire qu'elle s'était inversée. Les jours où nous nous étions absentés tous les deux, lorsque nous ouvrions doucement la porte d'entrée à notre retour, nous le découvrions les deux pattes bien alignées sur la partie haute du vestibule, venu nous accueillir comme l'eût fait un enfant.

« C'est notre chat ! » disait alors ma femme, sachant pertinemment que ce n'était pas vrai. Elle le couvait des yeux, persuadée que c'était un don que le ciel lui avait fait.

14

Même quand les visites répétées de Chibi furent devenues une habitude, il continuait à ne pas miauler et ne se laissait jamais prendre dans les bras.

Voici ce qui se passa un jour d'été. En pleine nuit, alors que tout le monde était déjà endormi, il se mit à courir avec bruit, chose qui ne lui arrivait jamais. Il avait sauté sur la table que nous avions déplacée près de la fenêtre pour installer les futons et s'accrochait à la moustiquaire de la porte vitrée restée ouverte, quand je fus pour de bon réveillé par ce raffut anormal.

Tout en haut, le ventre plaqué contre la moustiquaire comme une salamandre, il tendait le cou pour tenter d'apercevoir sa maison de l'autre côté de la palissade. Même dans son désarroi, il n'émettait pas le moindre miaulement. Ma femme finit par comprendre que l'issue était fermée. La veille, il était passé par l'entrée, contrairement à son habitude, et nous avions commis l'étourderie de laisser fermé le passage qui lui était réservé. Depuis ce temps-là, nous appelions cette posture de Chibi « l'appel du pays natal », et il nous est souvent arrivé d'évoquer cette attitude qu'il n'est pas courant d'observer chez le commun des chats.

Décidément, ce chat n'était pas notre chat. Ma femme fut obligée d'en convenir une nouvelle fois.

C'était en automne. Elle s'était chargée d'un paquet pour les voisins qu'on avait livré en leur absence, et, guettant leur retour, elle était allée le leur porter. Tandis qu'elle attendait à l'entrée après avoir appuyé sur le bouton de la sonnette, c'est Chibi qui vint l'accueillir, devançant la maîtresse de maison. Ma femme n'en revenait pas. Chibi qui ne miaulait jamais de jour comme de nuit lors de ses visites quotidiennes, voilà qu'il s'était lancé dans un discours. Le contenu, plutôt que des remerciements pour la peine qu'on prenait pour lui, tenait des compliments d'usage que l'on échange sur le temps entre voisins. Ma femme l'avait en tout cas interprété de cette façon, et elle me raconta sa visite d'un ton absolument sérieux, tout en remâchant comme pour s'en délecter l'expérience qu'elle avait faite.

C'est la seule fois que ma femme a vraiment entendu le son de sa voix, elle qui pourtant semblait se comprendre avec le chat. Ne parlons pas de moi, être masculin et adulte, avec qui l'animal gardait visiblement une certaine distance.

Un après-midi d'hiver où je m'occupais du pétrole entreposé dans une sorte de petite cave aménagée sous le plancher de la cuisine de la maison principale, Chibi descendit à son tour en passant par la trappe en bois. Il s'avança sur la partie consolidée par du béton, sauta sur une étagère, s'assit en alignant soigneusement ses pattes de devant et entreprit d'observer ce que je faisais. Tout en remplissant le poêle de pétrole à l'aide de la pompe électrique, je me mis à fredonner en imitant ma femme qui avait l'habitude de s'adresser à Chibi en chantonnant.

« Nous voilà ensemble toi et moi, tous les deux à la cave… » Alors Chibi, tout en gardant ses pattes bien alignées, se pencha en avant et, sans me quitter des yeux, pointa le nez vers moi comme un fauve sur le point de rugir. Puis il se mit dans la position de l'animal prêt à bondir sur l'adversaire. Je ne crois pas me tromper en donnant à cette attitude le même sens que la menace d'une femme bien élevée pour prévenir le geste du satyre.

Une autre fois, alors que j'avais laissé ouverte la porte donnant sur la terre battue face au jardin, il se précipita à l'intérieur à la vitesse d'une balle et se réfugia dans un coin minuscule entre un meuble et une boîte de rangement. L'arrière-train tourné de notre côté, il tremblait comme une feuille, pitoyablement. En me retournant, j'ai vu près de la porte Mike, le chat à trois couleurs qui appartenait aux voisins du côté sud, dont les yeux jetaient des étincelles et qui restait sur la défensive. C'était semble-t-il, plus qu'un conflit de territoire, une attaque dirigée contre Chibi dont il jalousait la liberté d'aller et venir dans notre maison, cela, je l'avais deviné quelques jours plus tôt en secourant Chibi qui, poursuivi, s'était réfugié en haut d'un pin.

Mike était un chat superbe. Mais quand il eut compris que seul Chibi jouissait de cette liberté d'aller et venir, les hostilités commencèrent. S'il attaquait Chibi, il ferait l'objet d'une surveillance redoublée. Il prit alors une physionomie curieusement dure. Lui qui, dans la maison du sud, montrait sans aucun doute à ses maîtres l'expression la plus rayonnante ! avait dit ma femme. Et pour que l'animal ne s'imagine pas qu'il n'était pas aimé, elle avait apparemment décidé de l'appeler chaque fois qu'elle l'apercevait dans le jardin.

Fangette semblait pouvoir être rangée dans la catégorie des vieux chats. Elle avait des taches noires et brunes, mais de grands yeux clairs, et dégageait une impression de calme familier. Donc, pour qu'elle se décide à ouvrir la fenêtre ou la porte d'une maison étrangère, il fallait qu'il y eût une raison. Elle laissait supposer que jadis elle avait montré à quelqu'un son allure fière.

Un soir où ma femme se tenait seule dans la pièce, l'issue réservée se mit à bouger et on entendit le bruit des pas qui précédait l'arrivée de Chibi. Mais c'est Fangette qui se présenta. Sans doute l'interstice était-il plus largement ouvert que d'habitude.

Une fois entrée, la chatte croisa le regard de ma femme, et de surprise, elle voulut ressortir mais se cogna en faisant un grand bruit.

« C'était drôle, mais en même temps elle m'a fait un peu pitié », m'a raconté ma femme d'un ton pénétré. Chose singulière, Fangette et Chibi semblaient bien s'entendre.

Un jour que Chibi se tenait sur la palissade du passage de l'Eclair, ma femme avait vu Fangette sur le chemin juste en dessous, qui se roulait sur le dos d'un air câlin. Ensuite, elle s'était précipitée en courant sur le parterre de fleurs de la maison au nord, et Chibi l'avait immédiatement suivie. L'ombre où les deux chats avaient disparu resta silencieuse.

Un moment après, Chibi revint seul, et ma femme lui demanda :

« Fangette est ton amie ? »

Il devait y avoir entre eux sensiblement le même écart qu'entre une grand-mère et sa petite-fille, et cela suffisait peut-être à expliquer l'absence de complications entre les deux félins. Derrière la palissade ajourée de la maison du côté nord, un peu plus bas que le trou dans la veine du bois qui découpait la silhouette des passants, Chibi et Fangette étaient restées un long moment à converser sérieusement, ma femme avait suivi la scène un autre jour.

« C'était un long dialogue des plus intimes, elles ne donnaient pas du tout l'impression de miauler chacune de leur côté. On aurait dit qu'elles s'entretenaient de leur avenir… » Ce disant, elle hochait la tête.

Quelques jours après que Chibi, poursuivi par Mike, se fut réfugié chez nous avec la vitesse d'une balle de pistolet, un matin de janvier, tard, où ma femme était seule, il se passa la chose suivante.

Elle s'était levée et préparait le petit déjeuner quand au bout d'un moment, Chibi sortit du placard et sauta en titubant sur les tatamis. Ce n'était pas sa façon habituelle. Les poils blancs de son dos semblaient avoir été arrachés, on pouvait apercevoir la peau teintée de rose. Il leva les yeux vers ma femme, la considéra quelques instants et, lentement, retourna chez les voisins.

Nulle blessure apparente. Calmant les battements de son cœur, ma femme s'installa devant sa table et commença un travail urgent. Moins d'un quart d'heure plus tard, Chibi revint. Une bande lui entourait le ventre. Et comme s'il voulait qu'elle voie bien qu'il était blessé, il bondit sur la table. Exhibant devant elle son corps amoindri, il ne cessait de la regarder d'un air attendrissant.

Ma femme aussi plongea ses yeux dans les siens. Et à la pensée que bientôt viendrait la séparation, elle se mit à se demander si véritablement ce chat n'était pas à elle, ou plutôt si le petit animal ne souhaitait pas devenir son chat à elle. De vraies larmes coulèrent, et Chibi continuait de la regarder, de ses yeux qui exprimaient une connivence profonde.

15

1990 arriva, et ce fut très vite la mi-février.

S'il venait sans faillir dans la journée, Chibi ne manquait jamais non plus d'apparaître la nuit, visiblement quand sa maisonnée s'était endormie. Que ma femme ait du travail ou non, qu'il fasse froid ou non, se retrouver au jardin pour jouer avec le chat était devenu une de ses joies.

Chibi adorait grimper sur un pin de taille moyenne planté au cœur du jardin. Quand la balle de ping-pong passait devant lui, il la rabattait d'un coup de patte fulgurant, comme une attaque au volley-ball, et la plaquait au sol. Ni l'un ni l'autre ne semblaient se lasser de ce jeu.

Dans la propriété plongée dans l'obscurité, ma femme suivait Chibi partout où il voulait aller, et il leur arrivait de pénétrer dans la maison principale. Tous les meubles avaient disparu, c'était une demeure vide qui s'étendait dans l'ombre.

A côté du *tokonoma* du salon s'ouvrait une fenêtre en saillie. Devant le *shôji* qui laissait filtrer la délicate lumière de la lune, Chibi, ventre aplati, prêt à bondir, attendait qu'on fasse rebondir sur la table basse destinée à la lecture la petite balle, qu'il renvoyait d'un geste vif. C'était à se demander si leur jeu aurait une fin.

A part les lumières du pavillon habité et la lampe de l'entrée qui restait allumée la nuit pour décourager les voleurs, la lune arrivait à peine à dessiner les contours. Dans la demeure vaguement sombre, la minuscule balle blanche rebondissait avec de légers claquements secs. Et la petite masse vivante qui la poursuivait, baignée dans le clair de lune, se métamorphosait en perle de nacre.

Le jour pointait, Chibi poursuivait ses jeux dans le jardin, le dos parsemé de pétales de fleurs de prunier, happant une abeille, reniflant un lézard, ce jardin qui pressentait la vie et le chaos.

L'escalade soudaine de l'arbre était aussi fulgurante qu'un éclair. D'ordinaire, un éclair décrit dans le ciel un zigzag de haut en bas, mais là, c'était le contraire. D'une décharge électrique, Chibi se hissait au sommet d'un plaqueminier, et dans son cahier, ma femme avait noté « telle une pointe d'éclair », ajoutant « comme pour aider le tonnerre à venir ». Oui, elle avait vu juste, c'était bien l'impression qu'on ressentait.

Je me suis alors souvenu d'un passage du *Nihonshoki*[1] décrivant le dieu de la chasse :

Au pied d'un arbre à côté du puits, devant le portail, se tient un beau visiteur. Nul ne peut douter qu'il n'appartienne pas au commun des mortels. S'il venait du ciel, il aurait un visage céleste. Celui qui vient de la terre doit avoir un

1. Le *Kojiki*, ou *Chronique des choses anciennes*, a servi de modèle à cette autre chronique du Japon, achevée en 720. Rédigé en chinois, le texte contient plus d'une centaine de poèmes.

visage de la terre. Il était d'une telle beauté, serait-ce lui qu'on nomme Soratsuhiko ?

Tout en haut du plaqueminier, la silhouette du chat prêt à affronter l'instant qui va suivre, tous les nerfs attentifs à saisir les moindres modifications du vent, était l'image même de celui qui, entre ciel et terre, s'apprête à s'élancer dans un interstice imaginaire.

Je savais que les chats n'abandonnent leur cœur qu'à leur maître, révèlent leur splendeur à lui seul. Notre couple ignorait ce que représentait la possession d'un chat, et nous qui jouissions dans l'ambiguïté de ce statut, nous n'étions pas en droit de prétendre aux attitudes les plus câlines de Chibi.

En revanche, n'était-ce pas l'innocence intacte, l'attitude sauvage que précisément son maître ignorait, qui étaient à l'origine du mystère qu'il dégageait, si on raisonnait simplement, n'était-ce pas cela, me disais-je. En conséquence, cette posture extrême avait fini par s'appeler « la capture de l'éclair ».

« La capture de l'éclair » est également le titre d'une série légendaire de lithographies en couleurs ainsi que de cires réalisées par un artiste qui a débuté par la gravure sur cuivre. Naguère, j'ai été amené à participer à un entretien avec l'artiste, qui inaugurait au musée d'Osaki une rétrospective de ses œuvres faisant la part belle aux gravures.

Que représentait pour ce peintre la capture d'un éclair ? Son travail sur la couleur pour « la capture de l'éclair », consistait, je tiens à l'expliquer d'abord, à saisir un espace où les couleurs ne cessent de bouger et de se transformer en créant des images nées de la matière ou de l'air.

On admet généralement que les peintres s'approprient les couleurs et les figures de la nature pour les fixer sur la toile, mais cet artiste tentait de les appréhender sans les dissocier de la nature, dans leur mouvement même et sans jamais chercher à les fixer, puisqu'aussi bien elles n'existent qu'avec la matière et l'air. En ce sens, il pourrait se situer dans l'héritage de Léonard de Vinci.

Je me souviens d'un détail de l'entretien. Une divergence est survenue à propos de la lecture *inazumatori*[1] ou *inazumadori*. L'artiste s'est contenté de rire sans donner sa préférence à l'une ou l'autre lecture, mais je n'étais pas de l'avis de l'autre participant, qui était un critique d'art. Je voulais défendre mon interprétation : saisir un éclair, c'est *inazumatori*, saisir quelque chose qui a le mouvement d'un éclair, c'est *inazumadori*.

L'une des séries était constituée par des encaustiques, technique qui consiste à étendre la couleur à l'aide de cire d'abeille. Comme c'est

1. Mot composé de *inazuma* (éclair) et du verbe *toru* (prendre). Deux lectures sont possibles, s'agissant ici du substantif qui veut dire littéralement « prise d'un éclair ».

une matière qui sèche à une vitesse prodigieuse, le peintre qui l'utilise n'a d'autre ressource que de saisir l'image de l'instant, et ce travail de « capture de l'éclair » avait été réalisé en monochrome.

Dans le cas des lithographies polychromes, la couleur apparaissait sur la plaque de pierre, renversant les dimensions, et elle était mobile ; le balancement lui-même, entre une dimension et une autre, était la proie à saisir.

Parvenu à ce point, comment résister à l'envie d'énoncer un sophisme ? A savoir que saisir quelque chose avec la rapidité de l'éclair, c'est *inazumadori*, et saisir les couleurs qui se présentent elles-mêmes comme un éclair, c'est *inazumatori*.

Si je me fonde sur cette interprétation, le *inazumadori* de Chibi dans le vaste jardin correspondait aux deux acceptions à la fois. C'est en tout cas mon impression. En un mot, le chat, d'un geste fulgurant comme l'éclair, tentait de saisir les éclairs.

Plus tard, en feuilletant un catalogue de ces œuvres, j'ai découvert à côté du titre la traduction en anglais que l'artiste avait sans doute ajoutée lui-même, et la surprise m'a cloué sur place. En effet, le titre *Catcher of lighting* indiquait le sujet de l'acte, celui qui saisit la lumière. Si c'était bien ce sens, je me demandais s'il ne fallait pas une nouvelle fois changer l'interprétation. Dans le sens de l'acte proprement dit de saisie d'un éclair, au lieu de prononcer tout platement *inazumatori*, il m'a semblé qu'il faudrait placer un léger accent tonique sur le *ma*, quelque chose comme une césure. J'ai continué à laisser errer ma pensée, songeant que lorsqu'il s'agissait d'euphonie, mes oreilles, petites mais aussi sensibles que celles de Chibi, étaient capables de frémir avant de s'aventurer dans des directions imaginaires.

Dans la partie sud-est du jardin, on trouve un assemblage de planches, une petite cabane en bois fermée par une porte grillagée, où le vieux monsieur qui aimait à s'occuper du jardin rangeait échelle, tamis pour l'étang, outils de jardin et de bricolage. Il avait étudié la métallurgie à la faculté de technologie d'une ancienne université impériale, et il rangeait aussi dans cette remise les instruments les plus divers dans le tiroir d'une vieille table.

Sous le toit de cette cabane passait de part en part une poutre maîtresse sur laquelle on avait empilé des planches, et c'était l'un des endroits de prédilection de Chibi. Je le voyais de ma table, tourné exactement vers moi, quand, fatigué de chasser les éclairs, il regardait autour de lui, laissant pendre négligemment ses pattes à une extrémité de la cabane.

Un après-midi où je travaillais à ma table devant la fenêtre, j'ai entendu venir du jardin la voix attristée de ma femme que me cachait la palissade. Je voyais seulement Chibi qui avait passé la tête entre le toit de la cabane et la poutre, et il semblait qu'elle s'adressait au chat, lui disant que bientôt viendrait le moment où ils devraient se quitter.

« Tu comprends ? Non, tu ne comprends pas ? »

Chibi restait imperturbable. Sur son visage impassible, on lisait son désintérêt pour le monde des humains, seuls les étoiles et le monde animal et végétal pouvaient l'intéresser. Ses oreilles pointues semblaient écouter un courant qui s'infiltrait uniformément à travers un interstice qu'il ne nous était pas donné de voir.

16

Le mois de mars arriva.

Un samedi en début de soirée où la lune était presque pleine, nous nous dépêchions d'aller à une exposition du peintre « chasseur d'éclairs » qui se tenait à Jiyûgaoka, et nous étions sur le point de tourner à l'angle est du passage de l'Eclair. Pour prendre le train, il aurait fallu revenir en ville et cela aurait demandé une heure, mais nous nous étions aperçus qu'en nous résignant à utiliser la bicyclette, nous y serions en une demi-heure.

Nous avons franchi la porte en portant nos bicyclettes à bout de bras et nous les avons poussées jusqu'au tournant de la sente. C'est à ce moment-là. Nous avons vu Chibi qui se glissait furtivement à travers une déchirure du grillage de la palissade nous séparant de la maison voisine. Dès qu'il fut à terre, il tourna le dos, fit un détour par un coin d'herbes folles et longea le mur extérieur du pavillon indépendant, en direction du sud. Nous pensions qu'à partir de là il sauterait sur le *nure-en*, franchirait l'issue où il était le seul à pouvoir passer, pratiquée dans la fenêtre en saillie, et pénétrerait dans la pièce planchéiée du pavillon.

Nous ne l'avions jamais suivi ainsi à l'instant où il franchissait la frontière. C'était aussi la première fois que nous le surprenions de dos en train de se diriger vers notre maison.

Ma femme et moi avons échangé un regard, animés du même sentiment à l'idée que c'était de cette façon qu'il s'éloignait de chez lui pour venir nous rendre visite. Notre envie de revenir sur nos pas a été étouffée par l'obligation où nous étions de sortir.

A la galerie, c'était le vernissage et le peintre se mêlait aux invités. Comme j'avais rédigé un texte pour le catalogue, il m'a offert un petit tirage original. Mais je me sentais nerveux.

En sortant, nous sommes allés prendre un café en compagnie d'un styliste et d'un rédacteur que je connaissais bien. Nous avons expliqué la nécessité dans laquelle nous étions de déménager, raconté les visites fréquentes du chat, le fol espoir que nous avions de gagner à la loterie, tout en sachant que même le gros lot ne suffirait pas pour acheter le terrain qui coûtait trois fois plus, nous sommes allés jusqu'à dévoiler notre désir insensé qu'on nous cède une parcelle de terrain, nous parlions comme si quelque chose crevait en nous.

Nous nous sommes séparés à neuf heures et demie, laissant le café derrière nous, nous avons repris nos bicyclettes. Trente minutes plus tard, nous nous retrouvions dans le petit chemin de derrière pour regagner le pavillon par le côté est.

Bien que ténues, nous découvrîmes des traces du passage de Chibi en notre absence. La quantité de croquettes dont nous avions rempli la petite assiette posée à côté du carton avait un peu diminué. « Comme je ne lui ai pas donné de chinchard… » a dit ma femme qui a tout de suite entrepris d'en faire griller. Mais ce soir-là, Chibi ne vint pas.

Le lendemain, qui était un dimanche, il ne vint pas non plus.

« Ils sont sûrement allés chez leur tante qui habite à Oisô », a déclaré ma femme. Avant d'ajouter :

« Il est sorti, dans un panier ! »

L'année précédente, l'absence de Chibi avait duré plusieurs jours, ce qui nous faisait envisager cette hypothèse.

« Coiffé d'un chapeau de paille, dis ? Parce que c'est le week-end ! »

Lundi fut un jour de pluie battante et de vent. Vers midi, on put admirer en même temps les nuages noirs et le bleu du ciel, mais le temps ne tarda pas à changer et le chant du rossignol vibra au cœur du jardin. De la maison voisine, on entendait le son d'une batterie. Pendant un temps très long, elle a retenti avec violence. Je me suis dit que la maisonnée ne s'était donc pas absentée au complet. Ce jour-là non plus, Chibi ne vint pas.

« Décidément, Dinding ne vient pas ! » Les mots que je m'efforçais de ne pas prononcer se sont échappés de la bouche de ma femme, répétés à une fréquence de plus en plus rapprochée. Ma femme qui semblait avoir du mal à percevoir le tintement du grelot m'a demandé si je n'entendais pas un bruit annonciateur.

Elle a jeté le petit poisson grillé depuis trop longtemps et s'est mise à en préparer un frais.

A un moment où nous étions à bout, j'ai reçu un coup de téléphone d'un ami qui se trouvait dans un bar de Shinjuku, il me proposait à brûle-pourpoint de venir le rejoindre avec ma femme. Nous avons bu ensemble jusqu'à l'aube. Plus nous retardions l'heure de notre retour, plus grandissait l'espoir que finisse par venir celui qui ne se montrait pas, c'était une façon de nous réfugier contre le tourment, d'échapper à l'angoisse du temps qui passait sans annoncer celui que nous attendions.

Ensemble nous avons regagné la maison au petit matin. Impossible de découvrir la moindre trace de son passage, nous avons dormi environ trois heures, et dès le réveil, nous avons pu nous assurer qu'il n'était pas là.

Nous entendions notre respiration. En fin de journée, nous avons senti à l'intérieur de la maison que la limite était atteinte, comme l'eau finit par toucher le niveau invisible de la crue.

Prenant bien garde que ma femme ne me voie pas, je suis allé à la maison principale pour utiliser le vieux téléphone noir dont se servait notre propriétaire. Dès que j'ai trouvé dans l'annuaire le numéro des voisins, j'ai fait tourner sans attendre le cadran pour entendre la voix pleine d'entrain du petit garçon me répondre qu'il n'y avait personne. Résolument, j'ai demandé :

« Et le chat ?

— Il est mort.

— Quand ça ?

— Dimanche ! » a répondu la petite voix pleine d'entrain.

J'ai demandé : « Pourquoi ?

— Je sais pas. »

Ignorait-il la raison, ou bien ne comprenait-il pas le sens du mot « mort » ? Toujours est-il que la réponse était nette et joyeuse.

Violemment, j'ai fermé les volets de la demeure les uns après les autres et je suis parti. De retour au pavillon, tout en faisant claquer mes socques sur le seuil que je foulais exprès avec bruit, j'ai annoncé à ma femme la mort du chat, comme si je lui en voulais.

17

Il m'a semblé que la voisine était de retour. Laissant ma femme en larmes, j'ai pris le tournant de la sente de l'Eclair et sonné à leur porte. Jusque-là, nos relations se bornaient à échanger un salut quand nous nous croisions dans le passage, ou encore à transmettre ou recevoir des colis qui avaient été livrés en l'absence du destinataire, et nous ne nous étions jamais véritablement rendu visite.

« Selon toute vraisemblance, il a été renversé par une voiture dimanche soir. Nous l'avons découvert sur la chaussée, sans blessure apparente, le visage intact et serein. C'est ça qui est curieux. »

Ce qu'elle avait l'air de trouver étrange, moi, je le trouvais naturel. Et pour cause, puisque Chibi est un chat mystérieux. L'animal avait beau être à elle, le fait de parler avec un étranger d'un événement qu'ils partageaient lui causait une légère émotion.

« La première fois que Chibi est apparu, ce n'est pas dans ce passage, c'est après la rue qui monte vers la gare, à une cinquantaine de mètres, devant la maison qui a des *susuki*[1] près de son portail. Quand nous l'avons trouvé, il a tout de suite fait mine de suivre l'enfant. Et dimanche soir, il était étendu absolument au même endroit. Il n'y allait jamais si je ne l'emmenais pas avec moi aux courses. Tard le soir, vers onze heures et demie peut-être, quelqu'un est venu nous avertir, presque certain qu'il s'agissait de notre chat. Je me suis précipitée et… oui, c'était exactement à l'endroit où nous l'avions vu la première fois. »

Elle retenait son émotion, tout en poursuivant son récit avec douceur.

« Comme il était très tard et qu'en plus c'était dimanche, il n'y avait pas de vétérinaire ouvert. Mon fils aîné a tenté jusqu'au matin la respiration artificielle, mais nous n'avons pas réussi à le sauver. »

Je connaissais l'existence de ce garçon, un lycéen. J'ai tout de suite pensé que c'était lui qui jouait de la batterie.

« Nous l'avons enterré dans le jardin, au pied d'un jeune pin. »

Il y a donc aussi un pin chez les voisins, ai-je pensé, mais comme l'extrémité sud du terrain

1. Graminée dont les épis prennent un reflet argenté à l'automne.

était décalée en zigzag, je ne pouvais pas voir leur jardin. Plus au sud, il y avait un petit immeuble, sans doute de ces logements réservés aux employés d'une compagnie, qu'on ne pouvait approcher qu'en empruntant une voie privée protégée par une grille en fer, et on était obligé de repasser par l'allée. Il fallait un certain courage et un prétexte suffisant pour aller regarder dans le jardin en empruntant l'escalier extérieur.

La femme a eu un froncement de sourcils avant de murmurer :

« C'est un chat qui a été heureux.

— Je dois vous dire que Chibi venait constamment chez nous, ma femme le chérissait.

— Ah bon ? Je vous remercie.

— Quand il s'était endormi à la maison, il se levait d'un bond toujours à la même heure. C'était, semble-t-il, pour assister au départ pour l'école de votre petit garçon.

— Ah bon ? Vraiment, je vous remercie. »

Elle s'inclina poliment devant moi. Je me suis rendu compte que nous utilisions tous les deux le même langage que si nous avions évoqué la mort d'un enfant. J'avais envie de lui parler davantage. Plus tard, quand le chagrin serait moins vif, je voulais apprendre d'elle des aspects de Chibi que j'ignorais et lui raconter des choses qu'elle ne connaissait pas, oui, j'ai vraiment failli le lui dire, mais les mots me sont restés en travers de la gorge.

Plusieurs scènes qui venaient de devenir des souvenirs étaient sur le point de franchir mes lèvres, mais je me suis retenu.

« Eh bien, je sais que vous devez avoir fort à faire, mais puis-je vous demander de nous laisser aller quelques instants sur sa tombe ? A un moment que vous choisirez vous-même, naturellement…

— C'est entendu. Voulez-vous avoir l'obligeance de téléphoner demain matin ? Comme il se fait tard aujourd'hui… »

D'où vient ce désir de se rendre à l'endroit où un corps a été mis en terre ? Comme si on voulait s'assurer que cette présence perdue à jamais, cette absence devenue irrémédiable, est celle d'un être précieux et irremplaçable, dont un mécanisme psychologique fait qu'on veut lui rester lié par le biais d'une autre dimension.

18

Le mercredi matin, je n'ai dormi que deux heures. Ma femme semblait avoir eu un sommeil encore plus bref, et quand je me suis levé, je l'ai trouvée assise sur le *nure-en*, le regard vague.

Je l'ai appelée, et nous avons cueilli dans le jardin ensoleillé des fleurs de prunier, des daphnés et des narcisses.

Le jardin semblait appartenir à une autre maison, complètement inerte, il me parut sans vie. J'ai pris plusieurs photos, dans l'espoir de découvrir l'ombre du passage de Chibi.

J'ai attendu jusqu'à neuf heures et, comme convenu, j'ai téléphoné aux voisins, mais personne n'a répondu. J'ai rappelé plusieurs fois, en vain.

Un peu après onze heures, la voisine a décroché.

« Excusez-moi de vous importuner, je sais combien vous devez être triste.

— Je vous demande pardon, mais…

— Pouvez-vous nous laisser venir déposer quelques fleurs ?

— Je suis désolée. Je vous rappellerai. »

Sa voix était faible, on sentait qu'elle avait peine à articuler, entre deux soupirs. Ce n'était absolument pas la même voix que la veille, quand elle m'avait rapporté les faits, cette voix qui coulait sans heurts. Mais ce n'était pas non plus une voix sur le point de s'éteindre. Si elle parlait dans un souffle, le ton en était en même temps glacial. J'ai cru y entendre retentir la fermeté d'une résolution prise après une nuit de réflexion sans sommeil, et qui ne faiblirait pas.

J'ai mis les fleurs dans un baquet en bois.

« Figure-toi qu'on ne peut pas aller sur la tombe. »

Ma femme a fondu en larmes. Une agitation s'est emparée d'elle à l'idée qu'il lui était refusé d'emprunter le passage imaginaire qui lui eût permis d'être reliée à Chibi. Nous nous sommes dressés sur la pointe des pieds dans la partie sud-est du terrain, derrière la remise, mais non seulement on ne pouvait pas apercevoir le pin, mais le jardin tout entier demeurait invisible. Fleurs de prunier, daphnés et narcisses ont été disposés dans le carton qui avait servi de chambre à Chibi dans un coin de la pièce aux tatamis.

J'ai pensé que je devais expliquer que nous n'avions en aucun cas forcé la main à Chibi. Le petit félin était venu chez nous de son plein gré, de même qu'il avait connu un sommeil sans effort. Nous lui avions laissé son entière liberté, nous avions même pris sur nous pour ne pas le toucher, oui, j'ai pensé que je devais le lui dire. Je venais de commencer à publier en feuilleton dans une petite revue à tirage limité un court essai dans lequel, au fil des pages, je racontais par le menu nos relations avec Chibi. J'ai glissé dans la boîte aux lettres des voisins deux ou trois numéros, et j'y ai joint une lettre d'explication.

Nous ne pouvions rien avaler. Quand ma femme avait de nouveau disposé la petite assiette avec un petit poisson, Chibi était déjà mort, et cette idée la bouleversait.

Tandis que je regardais ma femme brisée, j'ai pensé que déménager dans un quartier éloigné n'était pas sans danger. D'un autre côté, un endroit suffisamment proche pour que le chat puisse aller et venir n'avait désormais plus de sens…

J'ai décidé de choisir un endroit d'où l'on pourrait voir le grand orme. Dans ce quartier résidentiel, il n'y avait que des constructions basses et, d'un étage supérieur, il serait possible d'apercevoir l'immense feuillage du grand arbre, et même d'un premier étage le faîte devait se voir de loin.

Sous cet orme, il y avait une histoire. Au pied du jeune pin dont on disait qu'il avait grandi dans l'ombre de l'immense feuillage, un petit être semblable à une perle fine reposait. Si ma femme pouvait se dire cela en le regardant d'une fenêtre lointaine, peut-être pourrait-elle s'abandonner sans résistance à l'oubli qui viendrait doucement.

J'allai consulter à la bibliothèque des ouvrages de géométrie grand public et je me mis à étudier le calcul des angles. Je découvris un graphique qui expliquait de façon très compréhensible les systèmes mis au point par les Anciens.

La méthode la plus simple était la suivante : la longueur de l'ombre projetée par celui qui mesure sert à mesurer la longueur de l'ombre de l'objet dont on veut évaluer la hauteur, au moment où elle coïncide avec le corps lui-même.

Une autre méthode consistait à planter verticalement un bâton à côté de l'ombre projetée par l'objet à mesurer; on compare ensuite les deux triangles formés par les deux ombres, et la proportionnalité entre la longueur de l'objet à mesurer et la longueur du bâton par rapport à leurs ombres permet de déduire la hauteur.

L'une comme l'autre étaient des méthodes applicables dans le jardin à condition que je m'y prenne à une heure de la matinée, quand la lumière vient de l'est. Il est permis de supposer que c'est par ce moyen que Thalès de Milet a calculé la hauteur des pyramides. Mais il a dû rencontrer une difficulté, qui était d'arriver à mesurer la longueur de l'ombre portée de la pyramide à partir du centre de sa base.

Je serais confronté au même problème dans le cas de l'orme de la maison voisine. En effet, comment mesurer directement à partir du centre de l'arbre ? La difficulté serait levée si je me servais d'une de ces cartes à échelle réduite qui existent maintenant et sont d'une extrême précision.

En l'occurrence, puisqu'il s'agissait de vérifier que la cime de l'orme était ou non visible de la fenêtre d'une habitation, cela revenait à mesurer la hauteur de la colline ou de la fenêtre, que viendrait compléter le triangle imaginaire. Comme je ne pouvais espérer mesurer ni l'ombre de la colline ni celle de la fenêtre, il me fallait avoir recours à la méthode suivante : garder les yeux fixés sur un point de la hauteur que je voulais calculer, et faire l'évaluation à partir de l'angle que décrirait mon bras à l'horizontale. Il devenait ainsi possible de déterminer l'orientation et la distance en s'appuyant sur le sommet du triangle. Il restait encore à calculer le niveau de la hauteur des yeux.

A la suite de quoi, si un obstacle se dressait sur la ligne droite reliant la cime de l'orme à la fenêtre de la future maison, qu'il s'agisse de constructions, verdure ou autre, si le problème tenait à la configuration même du lieu, il en découlerait que l'orme serait invisible de la fenêtre en question. Il fallait donc commencer par s'assurer avec exactitude des dimensions de la colline, pour définir les endroits d'où l'orme serait visible…

Si j'ai commencé à échafauder ce projet, c'était sans doute pour tenter de diluer la tristesse et le chagrin qui imprégnaient l'air que nous respirions. En réalité, ce calcul stérile des angles n'eut jamais lieu, je dois le dire. L'impulsion soudaine qui m'était venue de mettre en application cette idée pure imaginée par les Anciens pour fixer le lieu où je ne faisais que tourner en rond dans la perplexité, n'avait d'autre signification que ma soif d'être consolé.

19

Dès ce moment, je compris que j'avais fait preuve de légèreté en donnant à lire aux voisins le texte que j'avais écrit.

Mon récit en feuilleton était un texte vraiment court et d'une écriture résolument différente, mais il n'en restait pas moins que le sujet, ainsi que l'apparition du chat et le début de nos jeux, formaient les trois premiers chapitres d'un roman dont ils étaient d'une certaine façon le premier jet. Une fois que j'avais mis dans leur boîte aux lettres plusieurs numéros de la revue en question, j'étais obligé de convenir que la suite des épisodes était désormais placée sous la surveillance de la maison d'à-côté.

Mon erreur ne s'arrêtait pas là. J'aurais dû comprendre que du point de vue de cette femme, lui avoir brusquement dévoilé, à un moment où elle se trouvait plongée dans la tristesse d'avoir perdu un petit être qui était pour elle presque comme un enfant, une partie de la vie de cet « enfant » qui lui était inconnue, l'empêchait de consentir à être témoin des larmes de l'autre « mère », de la laisser pénétrer dans le jardin sous prétexte qu'elle souhaitait déposer des fleurs sur la petite tombe. Comment pouvait-on lui demander d'accepter de partager cette mort ?

Autant que possible, je me suis donc efforcé d'imaginer la psychologie de la voisine. Et si l'idée ne m'en était pas venue plus tôt, ce n'était pas une erreur de ma part, c'était un manque de maturité.

Au cours des mois suivants, j'ai remis à la revue un texte où je décrivais ma décision d'arrêter le feuilleton, décision que je savais brutale. Dans le présent roman, cela correspond à la cessation de la venue du chat jusqu'à la nouvelle de sa mort. Certes, il s'agissait d'une petite revue, il n'en reste pas moins qu'elle était publiée de façon officielle, et en vente dans certaines librairies.

Si la voisine n'avait plus sonné signe de vie, elle pourtant si bien élevée, c'est qu'elle devait être indignée. Nous étions l'objet de sa colère à laquelle se mêlait du ressentiment. Constater qu'un texte venait étayer le tout n'avait sans doute fait que compliquer la situation à l'extrême. Voilà ce que je me disais.

Que nous nous soyons occupés de la petite bête avec tendresse sans y avoir été autorisés, était-ce la principale raison de sa colère ? Mais comment imaginer que cette affection elle-même puisse être l'objet d'un ressentiment ? Et si c'était l'absence de permission qui était en cause, que se serait-il passé si nous l'avions demandée ? Les chats qui sont laissés dehors n'y regardent pas à deux fois pour franchir les frontières.

Peut-être était-ce l'existence d'un texte imprimé, qui donnait aux voisins le sentiment que l'objet de leur amour leur avait été usurpé par des étrangers. Oui, de là peut-être venait la seconde raison de leur indignation.

Mais tout de même, écrire ne constitue nullement une appropriation. L'écriture elle aussi franchit indistinctement les limites de la possession. En poussant l'écriture jusqu'à la limite de l'exprimable, ne serait-il pas possible de purifier ce qui flotte toujours entre les voisins et nous, levant les barrières l'une après l'autre ?

Nous sommes allés voir un appartement situé à sept cents mètres au sud, mais l'orientation faisait qu'on ne voyait pas l'orme, et nous sommes revenus en secouant la tête de découragement. C'est ce jour-là.

Alors que nous prenions tous deux le passage de l'Eclair en direction du portillon, nous avons croisé un homme en tenue de tous les jours, qui marchait les mains dans les poches. Bien avant que nous n'arrivions à sa hauteur, l'homme a commencé à nous regarder d'un air hostile. A mesure que la distance diminuait, il gardait la tête intentionnellement tournée de notre côté. Quand nous l'avons dépassé, il a eu un regard meurtrier. De retour à la maison, ma femme a soupiré : « Mais pourquoi ? »

Puis elle m'a expliqué que l'homme de tout à l'heure était le mari de la voisine ; jamais on n'avait lancé à ma femme un regard si chargé de haine.

Ma femme m'a raconté que quand elle était petite, son chien partait de temps en temps se promener tout seul et qu'un de leurs voisins, qui aimait beaucoup les chiens, le gâtait. Cette expérience ne lui avait laissé en mémoire qu'un sentiment de reconnaissance à l'égard de celui qui veillait ainsi sur la liberté de l'animal qu'elle chérissait.

« Quel mal avons-nous fait en aimant Chibi ? Pourquoi faut-il qu'on nous en veuille ?

— Nous ne lui avons fait que du bien.

— Quand je pense que nous ne l'avons même pas pris dans nos bras !

— Tu sais, le voisin tout à l'heure, il avait peut-être en tête quelque chose qui le préoccupait.

— Quoi par exemple ?

— Eh bien, imagine qu'il soit criblé de dettes. Il a reçu la dernière quittance, mais le taux d'intérêt est si élevé qu'il ne voit pas le bout du crédit. Il est acculé, tourmenté, tant et si bien que tout ce qu'il voit fait figure d'ennemi, tu comprends ? Oui, il faisait une tête de ce genre. »

Plus je débitais n'importe quoi, plus je me rendais compte qu'il était vain de tenter de la consoler, et que l'idée même de chercher à l'apaiser était justement, plus que toutes les sottises que je racontais, une véritable ineptie.

J'ai laissé la fenêtre de la salle de bains ouverte, et je me suis baigné. Quand l'eau vient d'être amenée du puits par la pompe électrique, elle laisse la peau toute douce, je l'avais remarqué quelque temps avant la mort de Chibi.

Le chat n'était pas à nous, d'ailleurs il était toujours très propre, et je me suis rappelé qu'il aurait été impensable de lui donner un bain.

Comme aucun regard ne pouvait pénétrer jusque dans la salle de bains, je laissais ouverte la porte qui donnait sur le carrelage, et tandis que je me frictionnais des pieds à la tête, il arrivait que Chibi s'approche sans bruit par-derrière.

Le corps tout fumant, je fredonnais une chanson totalement fantaisiste qui se moquait gentiment de lui.

Voilà Chibi aux eaux de la colline
Le p'tit chat Sansuke[1]
Qui rince le dos
Et s'enfuit à la première goutte...

Dans l'étang du jardin dont l'eau était claire après l'équinoxe de printemps, une grive dodue faisait ses ablutions. Un minuscule verdier est venu l'imiter. Eux aussi plongeaient dans l'eau, en sortaient, plongeaient encore, sans fin.

1. Désignait autrefois le domestique chargé de chauffer l'eau du bain public ou encore de frictionner le dos des clients.

20

Depuis que le chat n'y venait plus, le jardin s'était transformé en un paysage sans charme. Je fus stupéfait de constater à quel point l'œil était capable de parer de couleurs un paysage ou bien de les lui ôter.

Bientôt le printemps parvint à l'apogée qui précède le déclin et on s'achemina vers le début de l'été, les fleurs se succédaient sans repos, embellissant tour à tour un endroit du jardin.

La propriétaire, qui avait vu mourir son mari trois mois à peine après leur installation, le jour de Tanabata, dans leur immeuble de banlieue, continuait à nous téléphoner souvent. Elle nous chargeait de diverses commissions : passer une commande de fécule chez le marchand de gâteaux du quartier où elle se fournissait de longue date, aller prendre chez son médecin traitant un médicament pour le rhume… Cela n'avait pas changé. Après avoir formulé ce genre de demande, elle disait au moment de raccrocher : « Surtout, n'hésitez pas à vous servir de la maison ! » Et elle réitérait son offre. Sans doute voulait-elle par là nous dédommager de l'obligation de partir dans laquelle nous avait mis sa propre situation, qui faisait que nous devions libérer la maison à la fin du mois d'août. C'était sa façon de s'excuser. Conformément à son vœu, nous utilisions pleinement la vieille demeure.

« Vous pouvez utiliser aussi la salle de bains ! »

J'ignorais depuis quand, mais on avait ajouté une salle de bains au pavillon, en prolongement de la fenêtre ronde pour contempler la lune. Nous avions donc toutes les commodités, mais : « La salle de bains de la maison principale est plus grande, et très agréable, je vous assure ! » disait-elle.

J'avais un souvenir à propos de cette salle de bains, un souvenir vieux d'une année. Par un de ces courts après-midi du début de l'été, j'étais en train d'écrire, seul à la maison, quand j'ai entendu les cris de la vieille dame. Je me suis précipité et j'ai tôt fait de comprendre que les appels au secours provenaient de la salle de bains. Le vieillard, le corps tout fumant, était à moitié renversé sur le bord de la baignoire, elle, vêtue d'un pantalon bouffant, tentait désespérément de le soutenir, l'air complètement désemparée.

J'ai dû avoir un instant d'hésitation, mais en me disant qu'il fallait coûte que coûte transporter le vieillard dans sa chambre, je l'ai saisi à bras-le-corps. Sa peau était étonnamment douce au sortir de l'eau, et bien qu'il fût d'une maigreur extrême, sans la moindre parcelle de graisse, il conservait une telle élasticité que j'avais plutôt l'impression de soulever entre mes bras le corps d'un adolescent. Il avait les yeux ouverts et il esquissa un sourire avant de perdre l'usage de la parole, toute force ou volonté de se mouvoir l'avait quitté. Il m'a semblé alors que le poids de son corps doublait, et j'avais beau essayer de le porter sur le dos ou de le soulever, ses membres ne répondaient plus, comme désarticulés, et j'ai senti qu'il s'enfonçait doucement. Moi, dans la posture d'un lutteur de sumo qui se prépare à l'affrontement, essayant tant bien que mal de maintenir le vieillard hors de l'eau, je me demandais comment j'allais m'en sortir.

Est-ce cela qu'on appelle « tenir le loup par les oreilles » ? Quoi qu'il en soit, je ne pouvais pas me contenter d'attendre les bras croisés que le temps passe. Tandis que cette pensée se pressait dans ma tête, ne cessait de retentir le bruit de la scie des jardiniers qui depuis le matin s'occupaient du jardin de la maison au nord, de l'autre côté du passage.

Une nouvelle fois, j'ai assis le vieillard sur le rebord de la baignoire, j'ai demandé à la vieille dame, dont le front perlait de sueur, de le maintenir, je me suis faufilé par la petite porte et depuis le chemin j'ai appelé les hommes perchés dans les arbres.

Quatre hommes vêtus de pantalons serrés à la ceinture qui bouffaient superbement [1] se sont laissés glisser au sol avec agilité et, sans éteindre

1. Tenue habituelle des jardiniers, qui sont chaussés de *tabi* spéciaux, chaussettes munies d'une semelle caoutchoutée, attachées par des agrafes sur le côté, et qui maintiennent le gros orteil séparé des autres doigts.

leur transistor, ont pénétré l'un après l'autre dans la propriété. Après un bref regard à la salle de bains et quelques mots échangés, chacun s'est emparé d'un membre du vieux corps couché à la renverse et ils l'ont avec douceur transporté par la galerie sur le lit installé dans la pièce à l'occidentale au fond de la maison. Puis, comme si rien ne s'était passé, ils ont enfilé leurs *tabi*, franchi l'un après l'autre la petite porte de l'entrée de service et repris leur place sur les arbres.

Le bruit de la scie a retenti de nouveau.

21

L'année avait fait un tour presque complet depuis que le vieux couple avait quitté sa maison le jour de Tanabata, et le mois de mai touchait à sa fin quand la vieille dame est revenue. Les têtards qui se pressaient au bord de l'étang exhibaient leurs pattes minuscules, c'était le moment de l'année où le jardin tout entier s'animait des bondissements de grenouilles de la grosseur d'une fève.

La vieille dame avait été opérée de la cataracte et n'était pas complètement remise, si bien qu'elle semblait ne pas remarquer ces bonds innombrables. Elle n'eut pas non plus l'air de s'apercevoir de l'absence de Chibi.

Mais en passant nous voir au pavillon :

« La maison et le jardin sont bien entretenus, vous êtes gentils », nous dit-elle avec des larmes dans la voix.

Son séjour ne dura pas deux semaines. Comme elle venait dans sa maison pour la dernière fois, elle comptait faire le tri au jour le jour des petits meubles et objets divers de la vie quotidienne pour s'en débarrasser auprès d'un brocanteur.

Elle nous dit son intention de nous laisser en souvenir le brasero émaillé bleu du jardin ainsi que le grand vase en terre cuite qui décorait le *tokonoma*, et une petite lanterne en pierre brute.

« Sinon, comme le brocanteur vient tous les jours comme il lui plaît, il va tout emporter, vous savez ! »

Nous avons exprimé le désir de prendre seulement la petite lanterne sur laquelle Chibi se reposait souvent, à l'ombre des massifs. Elle avait une drôle de forme, comme une boîte pour les mets du jour de l'an, à trois niveaux, avec une partie inférieure dodue et taillée grossièrement qu'on aurait simplement ajustée sur la partie supérieure, légèrement humoristique.

Par un de ces jours de beau temps frais et agréable qui précèdent l'entrée dans la saison des pluies, il fut décidé de prendre une photo souvenir. Partout les azalées étaient en fleurs dans le jardin où on disposa des sièges, et nous prîmes plusieurs photos de la vieille dame seule, puis quelques autres sur la véranda, à côté de ma femme, et la vieille dame saisit d'un air enjoué la main de ma femme entre les siennes et la tint posée sur ses genoux.

La vieille dame prit de nouveau le chemin de sa maison de retraite, un matin du début de juin, quittant cette demeure où elle ne devait probablement jamais revenir, mais le couple des locataires, lui, ne put assister à cet émouvant départ.

C'était le jour où devait être célébré le troisième anniversaire de la mort de Y***, dans un vieux temple de la banlieue de Saitama, situé sur une colline. J'avais fait appel à des amis et des poètes en leur donnant une place particulière dans cette commémoration du poète disparu, lorsque deux jours avant la cérémonie, la nouvelle de la mort soudaine d'un poète célèbre, notre aîné à tous, nous plongea dans la consternation.

On parle de chagrin violent, mais n'est-ce pas que l'on mêle ces deux sentiments, la tristesse et l'indignation ? La confusion règne autour de la mort d'une personne quand s'assemblent des gens effondrés, venus de toutes parts, et dans un temps limité des choses imprévues se décident sur-le-champ. C'est à l'occasion d'une telle veillée funèbre que j'ai été pris au piège, dans l'incapacité de refuser de conduire le deuil lors des obsèques qui devaient avoir lieu ce jour-là.

Avec des amis, nous nous sommes réparti les tâches. Dès que nous aurions accompagné le corbillard jusqu'à la porte d'un temple à Sugamo, je devais me précipiter à la place qui m'était réservée pour le troisième anniversaire de la mort du jeune poète, tel était le programme qui m'avait été fixé. C'est ainsi que nous avons dû quitter la maison avant le départ de la vieille dame.

C'est elle qui est venue nous dire au revoir. La vieille dame qui ne nous avait jamais vus qu'en tenue de tous les jours a admiré le kimono de deuil que portait ma femme et, la tirant par la manche :

« Vous portez très bien le kimono, vous êtes jolie comme tout ! » lui a-t-elle dit en battant presque des mains. Avant d'ajouter d'une voix qui tremblait légèrement :

« Vous savez, je n'aime pas beaucoup les adieux quand c'est moi qui dois partir ! »

Nous avons mis longtemps avant de trouver un autre logement. Comparé à la maison que nous louions, tout nous semblait petit et cher, dépourvu de charme.

Nous nous sommes aperçus qu'en trois ou quatre ans le marché de l'immobilier avait évolué de manière brutale. Personne ne mettait en doute que les prix des terrains allaient continuer d'augmenter, comme si c'était une évidence. Contracter un emprunt en hypothéquant allait de soi et les actions également étaient à la hausse. Même dans ce quartier jusque-là calme, assis au comptoir d'un restaurant de sushis près de la gare, je me suis retrouvé à côté d'un jeune couple qui parlait à voix haute sans la moindre gêne des bénéfices qu'il pourrait faire en achetant et revendant un terrain, projet qui sentait l'arnaque. J'ai eu l'impression que j'aurais beau changer de place, un couple différent me ferait entendre malgré moi une discussion du même acabit.

Notre recherche d'un nouveau logement s'inscrivait dans un cercle toujours plus large, dont le noyau était le grand orme. A supposer que nous nous laissions tenter par l'idée à la mode selon laquelle il valait mieux acheter que louer, même en empruntant une ligne privée qui nous conduirait dans une lointaine banlieue, nous aurions du mal à trouver quelque chose dans nos moyens.

Un jour où nous nous faisions montrer plusieurs endroits par le jeune employé d'une agence immobilière de Machida, nous avons visité l'appartement d'une femme dont on se demandait si elle mangeait et dormait comme tout le monde, une personne déplaisante qui avait en vue d'acheter autre chose à la place de ce logis qu'elle habitait chichement, nous avons vu un appartement inondé de peluches par un père souvent absent et celui d'un joueur de base-ball qui attendait son tour sur le banc de touche : tout cela nous amenait à surprendre, sans que nous l'ayons voulu, des fragments de la vie des autres.

Ainsi, tout en allant d'un appartement à l'autre,

nous détournions les yeux du moment où la situation se transformerait complètement.

Machiavel qui a échoué dans le projet insensé de construction qu'il avait élaboré avec Léonard de Vinci pour endiguer les crues de l'Arno, a écrit dans un poème à propos de la Fortune :

Semblable à un torrent rapide qui s'enorgueillit, fracasse tout ce qu'il rencontre partout où il s'élance,
Elevant le terrain d'un côté, l'abaissant de l'autre, changeant ses rivages, son lit, son cours, et faisant trembler la terre partout où il passe :
Ainsi la Fortune, dans sa course impétueuse, va changeant, tantôt ici, et tantôt là, la face de ce monde[1].

La déesse Fortune avait-elle commencé à faire des siennes ? De l'espace actuel à un nouvel espace, comment faire naître ce petit courant qui engendrerait le déménagement, moi qui suis en train de devenir son jouet ? Profondément découragé, j'ai tenté de considérer les choses comme si je n'étais pas concerné.

---

1. Voir note p. 24.

22

Vers la mi-juillet prit fin la saison des pluies, et sur un rocher bien exposé au soleil, au bord de l'étang, la silhouette bleutée d'une libellule est apparue. Cette libellule, pouvais-je penser qu'elle était l'enfant de celle qui avait fini par s'approcher de l'arc que tendait dans l'air l'eau du tuyau d'arrosage ? L'été dernier, le mâle bleu et la femelle jaune, réunis en une ellipse, volaient de buisson en buisson dans ce jardin : était-ce leur enfant à qui les ailes avaient poussé ?

Le mâle qui m'était familier avait disparu en même temps que s'achevaient les derniers jours d'août. Dans ce jardin qu'avaient quitté le vieillard et la vieille dame, je m'étais attristé un moment à voir disparaître à leur tour mes amis ailés. Mais j'eus l'impression que cette même libellule, avec la lumière de l'été, revivait. Alors, entre cette disparition et une fausse renaissance, ceux qui avaient disparu et que l'on ne pourrait plus jamais retrouver redevinrent présents dans toute leur réalité.

Par un après-midi de la fin du mois de juillet où le soleil dardait ses rayons, je sortis dans le jardin et portai les yeux vers les rochers qui bordaient l'étang. Les libellules ne s'y trouvaient pas. Comme je l'avais fait naguère, j'ai frappé dans mes mains, deux fois, légèrement. Alors, quelque part, l'air a vibré, imperceptiblement, une silhouette transparente et limpide a volé dans ma direction. A voir ainsi l'insecte s'approcher, comme joyeux de cet arc que tendait le jet d'eau, voletant en tous sens, j'ai su que c'était lui.

Tout en évitant soigneusement les fils tissés par une araignée, lui aussi semblait avoir pris farouchement ses habitudes dans ce jardin d'un bout à l'autre, ce jardin de plus en plus abandonné. Une idée me vint subitement, je fermai le tuyau d'arrosage. Abandonnant la formation d'un courant d'eau, je levai l'index de ma main gauche. La libellule tournoya en un tour complet à mi-distance. Puis elle s'approcha très vite, tourna juste devant mes yeux, à peine avais-je eu le temps de voir le petit cercle qu'elle traçait, elle vola en direction du doigt tendu et s'y posa.

Mon cœur a bondi de joie, en même temps j'ai retenu mon souffle. Oui, décidément, c'était bien lui. Ce fut un moment fugitif, mais qui dura longtemps. Au milieu du jardin qui se préparait à ne plus recevoir la visite de personne, ce jardin qui de façon presque troublante était éloigné des regards proches, il avait posé sur mon doigt ses quatre ailes transparentes et ses deux yeux proéminents.

Il sembla percevoir le léger tremblement de mon corps et s'envola, pour revenir immédiatement et se poser de nouveau. Encore, le temps s'écoula paisiblement.

Une grive s'envola du sommet de l'orme de la maison voisine à l'est, fit entendre son cri stridulant et s'enfuit. Surprise, la libellule s'éloigna du doigt, tournoya quelques instants haut dans le ciel au-dessus du jardin. J'ai continué à pointer le doigt vers le ciel, et j'ai attendu. Bientôt, après avoir voltigé à deux mètres environ au-dessus de ma tête, elle revint se poser sur mon doigt, comme pour s'y installer.

23

Un matin très tôt, alors que je dormais dans le salon de la maison principale, j'ai cru entendre quelqu'un aiguiser un couteau sur la véranda. C'était un matin aveuglant où la lumière perçait à travers les branches de l'orme. Le bruit était très proche, pourtant je ne voyais personne, même en jetant un regard alentour. J'ai enfilé à la hâte des socques et marché en direction du bruit, pour m'apercevoir très vite qu'il provenait des buissons entourant le pied d'un prunier.

J'ai regardé entre les herbes : une énorme mante religieuse s'est retournée, qui n'arrivait pas à saisir les ailes de la cigale dont elle s'était emparée sur une branche devant elle.

Je suis atteint d'une aversion incontrôlable à l'égard des mantes religieuses. Leur vue même m'est insupportable. Le bruit qui m'avait fait croire à une lame qu'on aiguise était le frémissement des ailes de la cigale qui se débattait avec acharnement. Ou bien était-ce plutôt la mante qui poussait son cri de menace tout en combattant pour intimider l'adversaire.

La scène tragique gravée dans mes pupilles, je me suis recouché, écoutant le bruit qui s'intensifiait, en retenant ma respiration. Ma femme s'était réveillée entre-temps et vint près de moi me demander ce qu'il y avait. Dès que je lui eus décrit la scène, elle se leva d'un bond, s'empara de l'époussette d'osier qui traînait sur la véranda et se précipita pieds nus, en chemise de nuit, sur les pierres du jardin.

Je descendis à sa suite : à l'aide du petit balai, elle avait arraché la grosse mante religieuse et l'avait lancée dans le massif d'azalées derrière. Puis elle prit la cigale épuisée et la déposa sur la paume de sa main. Alors que nous pensions qu'elle était perdue, de ses ailes ornées d'un motif vert elle fit entendre un léger frémissement, s'envola en chancelant, faillit tomber au sol, mais se reprit et battit franchement des ailes, avant de s'envoler bien haut, au-dessus du fossé à l'ouest.

« Pour la cigale, le deuxième être humain a dû sembler le bon dieu. Le premier, un imbécile. »

Ma femme eut l'air étonnée de m'entendre parler de la sorte, elle semblait absorbée par une idée.

Elle qui pouvait se familiariser avec la plupart des êtres vivants faisait toutefois une exception. J'ignore pourquoi, mais elle ne supportait pas les canards. Voilà qui rendait possible que l'imbécile vienne en aide à une cigale attrapée par un canard et fasse ainsi figure de bon dieu. Mais si une mante se trouvait aux prises avec un canard, ou le contraire, il est probable que nous resterions tous deux à trembler sous nos couvertures en attendant la fin du drame.

Les aversions sont vraiment un étrange phénomène. Elles nous obligent à réfléchir aux liens particulièrement forts que nous avons dû entretenir dans une vie antérieure, mais comme l'idée seule d'avoir eu un lien nous répugne, nous avons tendance à rejeter cette pensée dès qu'elle fait mine de nous assaillir.

En tout cas, la cigale avait échappé au danger, et j'ai décidé qu'elle avait pu vivre pleinement le seul été de son existence. Quant à la mante... eh bien, j'évitais d'y penser.

C'était au moment où nous avions enfin trouvé un nouveau logement. Nous avions pris l'habitude de dormir dans le salon de la maison principale. Dans le désordre des piles de cartons, nous goûtions le charme de cette demeure construite soixante ans plus tôt et qui serait sous peu vendue, morcelée, démolie.

24

Le dernier samedi du mois d'août correspondait à la veille du déménagement.

Je m'étais aperçu que le grillage destiné à boucher le bas de la palissade qui nous séparait de la maison voisine à l'est avait été entièrement remis à neuf, j'ignorais quand. Mais dans l'intervalle qui séparait le grillage et le bâtiment qui lui faisait face, il m'a semblé entrevoir une présence, échappée d'une maison ou égarée. Apparemment, c'était un petit chat.

Pour la première fois depuis longtemps, j'ai entendu la voix de la voisine. Interrompant la fermeture d'un carton, j'ai prêté l'oreille.

« Regarde ! On dirait une pierre précieuse !

— Oh oui ! »

Le chaton devait se trouver dans le passage, sous l'auvent proche du jardin de la maison des voisins. Mais il n'y avait pas à s'inquiéter. Il n'irait pas à côté. C'était l'impression qui se dégageait du dialogue tranquille entre la mère et l'enfant. Dans la pénombre, seuls les yeux devaient luire.

« Comme ses yeux sont jolis ! »

De l'entrée, la mère et l'enfant observaient la frontière. J'ai vaguement entendu la voix du petit garçon, à côté de sa mère qui acquiesçait. J'ai regardé par la fenêtre au sud, la lueur d'une torche électrique se balançait.

Je n'éprouvais pas de ressentiment, mais je n'ai pu me défendre de songer à Chibi. Ils ont donc un autre chat ! Ma femme qui semblait elle aussi s'en être aperçue a montré une certaine agitation.

Le pavillon avait atteint le paroxysme du désordre. Alors que nous devions terminer tous les cartons d'ici la nuit, nous avions beau les remplir tant et plus, les choses n'en finissaient pas d'affluer. Depuis midi, nous avions demandé plusieurs fois à l'entreprise de déménagement des cartons supplémentaires et on en comptait à présent deux cents. C'étaient pour la plupart des livres qu'il était impossible de jeter et des objets sans valeur.

Ce travail qui n'en finissait pas, je me disais que mieux valait prendre le parti d'en rire, mais nous étions dans un profond abattement. Ce rire qu'un rien aurait pu provoquer était en train de se transformer en larmes.

Ma femme s'affligeait de constater que le petit être couché au pied du pin allait être livré à l'oubli. Elle semblait avoir du mal à supporter l'idée que notre déménagement faisait aussi partie intégrante de l'oubli. Je me disais que le moyen le plus efficace pour adoucir la tristesse était de trouver un autre chat. La voisine aussi avait-elle été obligée de recourir à ce moyen ? Après avoir fait le nécessaire pour que les événements ne se reproduisent pas, en comblant soigneusement la frontière entre les deux maisons à l'aide d'un grillage aux mailles serrées, elle avait commencé à s'occuper d'un autre chaton.

Nous aussi, nous nous étions mis à regarder les vitrines des magasins d'animaux du quartier quand nous passions devant. Mais chaque fois, ma femme secouait la tête. Quelle que fût la grâce du chat, elle disait : « Non, ce n'est pas ça... » Elle désignait par là le fil déterminant qui aurait pu relier ce chat unique qu'était Chibi à celui qu'elle avait devant elle.

Quand nous allions à bicyclette dans des quartiers plus éloignés, il nous arrivait de voir des chatons nouveau-nés, qui avaient l'air d'avoir un maître, au détour d'un chemin inconnu. Ils étaient si charmants que ma femme arrêtait sa bicyclette et restait accroupie près d'eux, si bien que je proposais :

« Veux-tu que j'aille demander si on peut nous en céder un ? Ou plutôt, veux-tu qu'on en enlève un ? » insistais-je. Après quelques instants de réflexion, ma femme se relevait et disait avec un sourire triste : « Non, ce n'est pas ça... »

Les cartons qui avaient été remplis dans le pavillon s'entassaient lourdement dans le salon de la vieille demeure. Cependant, à mesure que les objets disparaissaient, on commença d'empiler des cartons dans le pavillon aussi.

Un petit carton pourtant restait dans un coin de la pièce japonaise, auquel personne n'osait toucher, avec son couvercle toujours ouvert. A l'intérieur, une serviette éponge recouvrait le fond et une petite assiette était disposée, encore imprégnée d'une légère odeur de poisson.

25

Nous avions fini par trouver une location dans un petit immeuble construit au milieu d'une vingtaine d'ormes.

Après avoir effectué de vaines recherches du côté de Kawasaki et de Tamagawa, nous avions de nouveau orienté nos recherches dans le voisinage à la mi-juillet. Nous sentions approcher la date limite, qui était fin août, et nous faisions systématiquement toutes les agences du quartier, en poussant nos bicyclettes, de façon à pouvoir mener une investigation minutieuse. Brusquement, nous nous sommes rappelé l'agence qui, quatre ans plus tôt, nous avait fait connaître le pavillon de la vieille dame. Elle était juste à côté de la gare. Ma femme a immédiatement porté les yeux sur une annonce qui avait l'air toute récente. On nous a expliqué que c'était un appartement au deuxième étage d'un immeuble entouré d'arbres.

Sans attendre, nous avons enfourché nos bicyclettes pour aller voir. L'immeuble n'avait que deux étages et comptait une quarantaine d'appartements.

Un panneau indiquait que les arbres qui entouraient l'immeuble étaient protégés par l'arrondissement. Au moins vingt ormes gigantesques se dressaient, et du côté sud, il y avait une vieille demeure appartenant au propriétaire. C'était non loin d'un passage à niveau, à mi-distance de la gare suivante, et à cet endroit seulement subsistait un bois clairsemé de vieux arbres. J'ai appris que trois ans plus tôt l'endroit servait encore de practice de golf. Le prix était deux fois plus cher que notre loyer actuel, il fallait présenter un garant et une attestation de revenus. Il va sans dire que les animaux étaient interdits.

Dans l'intention d'acheter, nous avions cherché un peu partout, mais nos économies n'étaient pas à la hauteur et nous n'en finissions pas de pousser des soupirs de découragement. D'ailleurs, toutes les maisons sur lesquelles nous étions tombés avaient un côté déplaisant. Je m'explique : ce n'était pas le bâtiment en lui-même qui était déplaisant. J'étais une fois de plus obligé de constater que la ville avait changé depuis l'époque où nous avions trouvé notre pavillon et aussi notre logement d'avant. Même dans ce petit quartier, les vieilles demeures appelées à être détruites et morcelées frappaient le regard.

A mes yeux fatigués, il était hors de question de laisser passer cet immeuble en pleine verdure. En plus, en sept minutes de marche, on atteignait l'orme de Chibi. Et qui sait, dans le frémissement des feuillages vus de la fenêtre, il n'était pas impossible qu'on aperçoive le tremblement des branches de sa maison…

C'était dans les premiers jours d'août, quelque temps plus tôt j'avais versé la caution. Mes pas me conduisaient tout naturellement vers cet endroit où nous allions bientôt habiter, quand je faisais une promenade solitaire.

Quand j'ai pénétré sur le terrain de l'immeuble, la verdure des ormes a fait entendre un bruissement puissant, dans l'inclinaison des branches vigoureuses et souples. Au coin sud de l'immeuble, on découvrait une pelouse protégée par un grillage, qu'on ne pouvait pas fouler en temps normal. L'appartement que nous avions loué se trouvait au deuxième étage, auquel on accédait par un escalier qui faisait l'angle. Comme les occupants, qui se réjouissaient à l'idée de partir s'installer dans la maison qu'ils avaient achetée, occupaient encore les lieux, je me contentais de lever les yeux vers la fenêtre au nord d'où parvenait leur conversation joyeuse.

En contournant l'immeuble à droite, il y avait un petit espace non construit, et je me suis avancé sur le sol bosselé : quatre chatons tétaient le ventre de leur mère chatte renversée au milieu des herbes folles. Surpris par le bruit de mes pas, les petits chats qui pouvaient avoir un mois à peine ont fait mine de s'enfuir en sautant par-dessus le ventre de leur mère, mais je me suis arrêté et, sans bouger, je me suis tourné de leur côté. La mère chatte, bien que sur la défensive, est restée allongée sur l'herbe, la tête légèrement levée. J'ai pu voir qu'elle avait une figure peu commune, la moitié droite blanche, l'autre noire… Les quatre petits qui formaient un bloc derrière elle étaient tous plus ou moins différents, mais comme on en voit partout, avec des taches sur leur robe blanche, des motifs irréguliers gris foncé.

Ne voulant pas déranger la tétée, j'ai rebroussé chemin.

Nous avons déménagé à la fin du mois d'août. La propriété de la vieille dame devait être mise en vente tout de suite après, mais contrairement à ce que nous avions pensé, aucun acquéreur ne se présenta tout de suite.

On avait l'impression qu'une grande secousse allait ébranler le monde.

Au téléphone, la vieille dame eut l'air heureuse d'apprendre que nous avions emménagé à moins de dix minutes à pied de l'ancienne demeure.

« Je me sentirais rassurée si vous alliez de temps en temps jeter un coup d'œil. »

Clefs en main, j'ai donc pénétré dans la propriété abandonnée. Il m'est même arrivé de rester seul debout dans ce jardin où ni le vieillard ni la vieille dame, ni ma femme ni le chat, ni moi-même n'étions plus.

26

Les quatre petits chats gambadaient sur la pelouse. En plus de la mère noire et blanche, il y avait le père, un matou gris de cendre, et, fait rare, toute cette petite famille vivait ensemble.

Dès que l'automne arriva, la mère devint invisible. Les petites formes vacillantes, de quatre passèrent à trois. Parmi les chatons, un surtout avait des motifs qui ressemblaient à ceux qui paraient la robe de Chibi, et nous avons fini par appeler le petit groupe les Chibichibi's.

Les trois chatons et le père se tenaient toujours à proximité de l'entrée de l'immeuble. Mais en fait, un seul chaton se dressait au milieu des massifs qui ne gênaient pas le passage, assis sur le derrière très correctement, les pattes de devant bien alignées l'une à côté de l'autre. Les trois autres chats, le père et les deux petits, restaient cachés derrière un massif d'azalées.

J'ignore comment les rôles se répartissaient exactement, toujours est-il que le petit chat a fini par attirer l'attention des habitants de l'immeuble par sa jolie mine. L'un d'eux, séduit par sa grâce, a disposé de la nourriture sur le bord du trottoir. Alors les trois chats se sont avancés timidement derrière lui et se sont mis à manger. Le joli chaton, quant à lui, ne touchait pas à la nourriture, mais quand il a constaté que les autres avaient calmé leur faim, à son tour il s'est mis à manger.

Nous avons baptisé chacun des Chibichibi's. Sœurette, le plus joli des chatons, Blanchette celui qui était presque tout blanc et semblait avoir du caractère, enfin Kappa[1], le plus craintif et qui avait le dos cuirassé de fines mailles.

Quant au père chat, grave et doux, nous l'avons appelé Papa, tout simplement.

Il est indéniable que Sœurette ressemble à Chibi. Toutefois, en regard de l'impression de mystère que ce dernier dégageait, parfaitement au-delà du monde des humains, un être n'appartenant ni au ciel ni à la terre, Sœurette avait quelque chose de terrestre, de tendre et doux. De plus, elle avait la forme d'une poire, avec quelque rondeur, la queue courte, et il était facile de se familiariser avec elle, comme avec un chat sorti d'un dessin animé.

De retour à la maison, ma femme a dit :

« Sœurette est encore en bas.

— Elle est vraiment jolie.

— Je descends lui donner à manger. »

---

1. Personnage imaginaire, sorte de génie des eaux, de la taille d'un petit enfant, au corps verdâtre et couvert d'écailles. Selon le folklore des régions, il est considéré comme bienfaisant ou cruel.

Dans ces moments, je me souvenais du temps où j'allais au jardin pour jouer avec Chibi, quand il avait pris l'habitude de venir nous rendre visite. Bientôt l'automne s'installa, et c'était devenu une habitude quotidienne.

Si les autres résidents de l'immeuble s'occupaient aussi de la famille de félins, ma femme éprouvait, j'en suis certain, le sentiment qu'un jour ou l'autre il lui faudrait prendre une décision. Un soir :

« Je descends jouer », dit-elle avec dans la main des petits poissons séchés, et elle prit dans le carton de Chibi qu'on avait rangé dans un placard la vieille balle de ping-pong. Au bout d'un moment, elle revint, l'air abattue.

« Il ne joue pas ! Il ne fait pas seulement mine de toucher la balle qui est devant lui. Comme si l'idée même de jouer ne l'effleurait pas ! »

Disant cela, elle avait l'expression qu'elle a toujours quand elle se souvient de Chibi.

Vers l'époque où commence à souffler le vent qui annonce l'hiver, Sœurette se mit à jouer. Après lui avoir donné à manger, tard le soir, à une heure où on ne risquait pas d'être vus, le jeu s'instaura entre ma femme et le petit chat. Comme la balle de ping-pong rebondissait trop sur l'asphalte de la rue, elle confectionna avec du papier une petite boule neigeuse, qu'elle suspendit à une canne de bambou, et elle jouait avec le chat à l'intérieur même de la résidence.

Les autres chats se contentaient de regarder le spectacle au milieu des parterres de fleurs. Le chaton, qui s'était brusquement accroupi sans cesser de bouger la tête à chaque balancement de la balle, fit entendre une toux qui résonnait désagréablement. Tout le temps que dura la quinte, ma femme et les autres chats ne cessèrent de l'observer d'un air inquiet.

Un soir de la mi-décembre, Sœurette grimpa furtivement jusqu'au deuxième étage, à la suite de la boule de neige.

Par l'ouverture de la porte en fer, elle risqua un œil à l'intérieur. Sans la forcer à entrer, nous bloquâmes la porte à l'aide d'une sandale ; il ne restait plus qu'à nous en remettre au bon vouloir du chat. Sœurette fit le tour de cet intérieur humain qu'elle voyait pour la première fois, lentement et d'un pas tranquille. Puis la visiteuse passa la porte sans rien dire, redescendit en hâte l'escalier et alla retrouver les siens restés dehors.

Ma femme descendit à sa suite, le père chat, blotti dans son pelage gris, attendait sur la défensive. Ma femme m'a raconté qu'il avait, devant elle, donné une tape sur la tête de Sœurette, qui avait fermé les yeux et miaulé faiblement.

Le lendemain, nous nous sommes absentés pour une semaine. Nous devions assister à un mariage dans ma famille de Kyûshû et nous en avons profité pour nous attarder un peu au pays natal. Ensuite, après avoir laissé ma femme chez ses parents qui habitaient le même département, je suis rentré seul et j'ai regagné la maison à une heure tardive.

A l'entrée de l'immeuble, il y avait un passage réservé aux voitures et un autre pour les piétons. La famille chat se tenait toujours dans les parterres plantés le long de la « chaussée », et jamais ils ne s'aventuraient jusque dans le vestibule bien éclairé où s'alignaient les boîtes aux lettres, qui pourtant restait ouvert.

Tout en me demandant s'ils avaient eu suffisamment à manger au cours de cette semaine, j'ai tourné au coin de la villa du propriétaire et je me suis approché de l'immeuble. A l'endroit où les branchages des grands ormes luxuriants assombrissaient les alentours, le hall est apparu, lumineux. A l'instant où j'atteignais l'entrée, traversant l'aire lumineuse d'un néon, une petite forme blanche a bondi à ma rencontre en miaulant.

27

A partir de ce moment, la petite chatte prit l'habitude de grimper les marches de l'escalier jusqu'au deuxième étage. Et de temps en temps, secouant la tête de gauche à droite comme une poupée articulée, elle avait cette toux désagréable. Je doutais même qu'elle réussisse à supporter les rigueurs de l'hiver.

Le 2 janvier, la porte en fer de l'appartement jusque-là demeurée entrouverte à l'aide d'une sandale, se referma. Le premier achat de l'année fut un bac en plastique et de la sciure pour le remplir.

« Si on amenait aussi Kappa ? » suggéra ma femme.

C'était le chaton qui, après Sœurette, avait l'air le moins apte à supporter la vie dehors, lui qui était en retard par rapport aux autres et toujours tremblant sur ses pattes, tant il était peureux. Insensiblement, ma femme semblait nourrir le désir d'adopter toute la famille, mais si le chat passait la nuit à miauler sans réussir à s'habituer, dans un immeuble où les animaux étaient interdits, cela revenait à devoir bientôt quitter les lieux.

Ce n'était pas tout : Kappa ne donnait nullement l'impression qu'il grimperait de lui-même jusqu'au deuxième. Il n'avait pas même pas tenté de s'approcher de la petite boule de neige que j'avais essayé de lui lancer derrière un arbre. Pour le faire venir, il fallait élaborer un plan.

Nous n'avions pas d'alouette, mais nous possédions ce qu'il est convenu d'appeler une cage à alouettes. Elle était en vieux bambou, de forme rectangulaire, et très longue. J'ai installé un système sur la porte de la cage et disposé de la nourriture à l'intérieur, tard dans la soirée, dans l'idée de faire le guet sur la parcelle encore non construite du terrain de l'immeuble… C'était en tout cas de cette manière que l'inventeur du stratagème était censé devenir l'exécutant.

Par une nuit froide, Kappa s'approcha entre les pins. Et après avoir plusieurs fois tourné autour de la cage d'un air méfiant, il en franchit doucement le seuil.

Mais la psychologie du chasseur prit alors un tour imprévu. Cette ficelle que j'avais passée à la porte de la cage, je n'arrivais pas à la lâcher. Si la porte se refermait maintenant, Kappa réagirait en se débattant. La cage serait déséquilibrée par le poids inhabituel de son contenu. Et Kappa pourrait-il, une fois libéré, devenir notre chat ? Si je lâchais prise, la cage se fermerait d'un coup, et je n'ai pas pu abaisser la porte de la cage de bambou.

Bien que méfiant, Kappa mangea tout et, comme d'habitude, d'un mouvement vacillant, il se retourna dans la cage. Puis il me regarda de ses yeux tout ronds, sans que je puisse déceler s'il avait ou non des soupçons. Craintivement, il franchit le seuil, me fixa de nouveau un instant, et lentement d'abord, puis de plus en plus vite, il se mit à bondir au galop, rasant les ormes dénudés, et se précipita hors du terrain en passant par le bas du chemin. Regardant avec des yeux pleins de tendresse le chat qui dormait sur le même canapé que Chibi, le cou entouré d'un collier semblable, dans la même position en arc de cercle, ma femme murmura :

« Mon chat à moi ! »

Pourtant, j'eus l'impression qu'il lui faudrait encore beaucoup de temps avant de pouvoir le prendre dans ses bras comme un chat ordinaire. Il était pressant de l'emmener chez le vétérinaire. Avant cela, nous avions décidé de lui trouver un nom, un nom en bonne et due forme.

28

On dit que les prix des actions et des terrains qui avaient flambé à partir du milieu des années quatre-vingt ont commencé à perdre de la vitesse dès la première moitié des années quatre-vingt-dix, au début de l'automne de l'année où je savais que la vieille dame avait mis en vente sa propriété, et j'en ai déduit que la crise économique était déjà amorcée. C'était en août de l'année 1991, à un moment où l'effondrement de l'économie, qui dépassait largement les prévisions, plongeait depuis peu le Japon tout entier dans une panique générale. J'étais en train de regarder distraitement la télévision, lorsqu'on a diffusé une publicité pour une opération immobilière.

« Ce qui se transmet de père en fils – la construction d'une maison est comme l'éducation… » ou quelque chose de ce genre, en tout cas la voix off débitait ce discours d'un ton tranquille, posément. Devant le portail d'une vieille demeure que frôlaient les branches d'un pin, un père de famille, la main posée sur la tête d'un petit garçon, échangeait des salutations avec quelqu'un qui passait, tout sourire. Le mur d'enceinte qui apparaissait sur l'image diffusée volontairement en noir et blanc me disait quelque chose.

Je profitai d'une promenade pour aller voir et je pus vérifier à l'agencement des bambous et aux taches du bois de la palissade qui les prolongeait qu'il s'agissait bien de « la » maison.

Cette publicité laissait transparaître d'éclatante façon les intentions du marché de l'immobilier. La vieille demeure, qui apparaissait à l'écran comme une chose destinée à être transmise, était en fait aussi abîmée à l'intérieur que les peintures d'un décor malmené par le temps, et, sans personne qui puisse la transmettre, elle attendait d'être mise en pièces.

Cet été-là, me servant de la clef dont j'avais encore la garde, j'ai pénétré dans la propriété. Le jardin était envahi par les mauvaises herbes qui avaient poussé haut, l'étang était à sec, il n'y avait plus trace de la chaleur d'une présence humaine, plus trace non plus d'êtres vivants. Qu'était devenue la libellule ? Et la mante religieuse géante ? Les azalées, les houx nains taillés en boule avaient laissé pousser leurs branches de façon anarchique. Seules les roses trémières près de l'appentis captaient la douce lumière et fleurissaient avec grâce.

En décembre 1991, ma femme et moi sommes allés rendre visite à la vieille dame dans son appartement de banlieue à l'ouest de Tôkyô. Au cours de notre conversation à bâtons rompus qui dura trois heures, j'ai fait fugacement allusion à la question du terrain. Il avait fini par trouver acquéreur, après avoir été morcelé en trois, à un prix bien inférieur aux prévisions, et la maison devait être démolie à la mi-janvier prochain.

Comme je l'avais promis, je suis allé quelques jours plus tard jeter un coup d'œil : une partie de la palissade du passage était effondrée, et comme elle donnait l'impression de vouloir s'effondrer à l'intérieur de la propriété, je ne suis pas allé jusqu'à la réparer, mais j'ai tout de même fait en sorte de la consolider. Le 3 janvier, voulant profiter des derniers rangements, je suis allé à la propriété dans l'intention de mettre en pot sur le balcon les fleurs de *kodemari*[1] qu'on m'avait naguère laissé planter dans le jardin. La serrure semblait rouillée, je ne suis pas arrivé à ouvrir le portail. J'ai fait passer ma femme par une ouverture de la palissade que j'avais tant bien que mal réparée pour qu'elle ne s'écroule

1. Plante originaire de Chine, dont les fines branches en spirale donnent au printemps de petites fleurs blanches.

pas tout à fait, et c'est elle qui a ouvert de l'intérieur la petite porte en bois.

Les herbes folles, luxuriantes en été, étaient maintenant complètement desséchées, le jardin avait vraiment un air d'abandon. Au milieu, on avait déjà rivé un panneau métallique et il était aisé de voir de quelle manière le terrain avait été divisé en trois. Mon cœur se serra à la vue d'un prunier tendant ses branches parées d'une multitude de bourgeons au milieu de tous ces arbres qui allaient être tronçonnés…

Levant les yeux vers le ciel, j'ai vu l'orme de la maison voisine, à présent dépouillé de toutes ses feuilles, qui balançait doucement ses branches dans le bleu limpide hivernal, faisant briller son écorce comme du métal terni.

Pendant que je déterrais le *kodemari*, ma femme enroula le tapis de rotin que nous avions laissé sur le plancher du pavillon. Vivace, le souvenir de celui qui naguère venait nous rendre visite remonta en moi, jusqu'à l'endroit du tapis qu'il foulait avant d'entrer par la fenêtre en saillie.

Quand je passai de nouveau devant la maison le soir du 16 janvier, on avait installé un échafaudage et d'épaisses bâches orange se dressaient tout le long du passage, très haut, tout autour de la propriété. Le nœud de bois à travers lequel j'avais observé les passants n'était plus relié désormais à aucune image. J'ai appris que la démolition avait duré tout au long des cinq jours suivants.

Le dernier jour du mois de janvier, la pluie qui s'était mise à tomber au cours de l'après-midi se transforma en neige et forma silencieusement une masse épaisse. Comme nous avions passé la journée à travailler sans discontinuer, nous sommes sortis pour nous distraire dans la nuit éclatante de blancheur. Après avoir dîné, nous nous sommes dirigés vers la demeure, la neige tombait sans discontinuer, crissant à chacun de nos pas.

En silence, nous avons dépassé la maison aux *susuki*, et après avoir descendu la rue, à notre gauche, l'ancienne demeure devenue un terrain vague s'est déployée devant nos yeux. La maison d'à côté, le passage de l'Eclair, étaient livrés aux regards de la rue et la neige redoublait d'intensité.

Dans l'obscurité, le terrain dénudé était la blancheur même.

29

H*** habite à une minute à pied à peine du passage de l'Eclair, quand on le prend à l'est en direction du sud, c'est un essayiste que je connais de longue date. Quand nous étions voisins, nous ne nous fréquentions pas, mais maintenant nous travaillons ensemble et il arrive que nous rentrions par le même train.

En 1950, quand il avait cinq ans, tout autour ce n'étaient que des champs, m'a-t-il raconté. Au bas de la pente coulait une petite rivière, et quand une pluie torrentielle s'abattait, cela finissait par une inondation, se souvenait-il.

Quand je l'ai interrogé sur le passage, il a eu un léger sourire puis a hoché la tête :

« Oui, c'est vraiment un drôle d'endroit ! C'est tout petit, et pourtant depuis toujours il n'habite là que des artistes graveurs, des botanistes, des géologues, des musiciens, des photographes de sculpture bouddhique, rien que des gens comme ça ! »

J'ai alors appris de sa bouche une chose à laquelle je ne m'attendais pas. Les maîtres de Chibi avaient déménagé pour s'installer en banlieue. Moi qui étais persuadé qu'ils passeraient leur vie dans cette magnifique maison protégée par l'orme géant, était-ce à cause de la scolarité de l'enfant, toujours est-il que les circonstances avaient fait qu'ils étaient partis.

Chibi était donc maintenant tout seul.

Je me suis rappelé que sa mort était survenue le 11 mars, à la pleine lune. Depuis, le soir du même jour, chaque année, ma femme et moi allons à pied ensemble jusqu'à la maison qui a planté des *susuki* devant son portail, puisque c'est là qu'il a été trouvé. Après nous être assurés qu'il n'y a plus de passant, nous déposons deux ou trois petits poissons séchés à l'endroit présumé et nous nous recueillons un moment. Ensuite, nous nous dirigeons lentement vers notre ancienne maison.

Mais depuis dix ans, chaque fois que je joins les mains, je m'aperçois que je n'ai au fond jamais cru qu'il avait été renversé par une voiture. Je n'en ai jamais rien dit à ma femme.

Depuis toujours, c'est une rue calme. Les voitures qui quittent la route à grande circulation et tournent avant de s'engager dans la descente, ainsi que celles qui remontent la côte et arrivent au croisement, se trouvent toutes amenées à ralentir. Accroupi et les mains jointes, conscient des voitures qui passent derrière moi, je me dis que Chibi était capable de les éviter.

Il y a encore une chose dont je me suis aperçu en retravaillant le texte en feuilleton pour en faire un roman, à l'aide d'un essai que j'avais ébauché et de quelques notes consignées pour éviter l'oubli.

Le 11 mars en question était un dimanche.

C'est le samedi 10 mars, en fin de journée, que nous nous sommes rendus au vernissage de l'exposition du peintre « chasseur d'éclairs ». Ce soir-là, quand nous sommes rentrés chez nous, un peu après dix heures, la nourriture disposée dans l'assiette à côté du carton dans un coin de la pièce japonaise avait diminué légèrement.

Le dimanche 11, il n'y a pas eu de signe du passage de Chibi, le petit chinchard préparé par ma femme et la cotonnade suspendue à la fenêtre en saillie en témoignaient.

J'ai consigné sur mon carnet les paroles de la voisine: ce n'est pas le 10, mais le 11, à onze heures du soir, qu'il a été trouvé inanimé sur la chaussée. Un peu avant cette heure, Chibi dormait à la maison, avec eux, cela aussi, je le tiens de la voisine (je l'ai retrouvé consigné dans ce même carnet).

La mémoire des événements, qui pourtant sont l'enchaînement dans un ordre inévitable d'éléments réels et innombrables, est chose floue. A partir d'un certain moment, je m'étais trompé, j'avais aperçu Chibi de dos juste avant d'aller à l'exposition, et comme c'était la dernière fois, j'en avais déduit qu'il avait trouvé la mort sur la chaussée le soir du 10 à onze heures et demie. Comme il avait dû devenir froid à l'aube, c'était le 11 que nous allions toujours nous recueillir, et les méprises s'étaient accumulées.

Ebranlé par cette chose qu'est la Mort, je n'avais sans doute pas discerné l'essentiel. A présent que j'arrive au terme de ce roman, j'ai fini par prendre conscience de tout cela en reconstituant le déroulement des faits.

Entre le soir du 10 mars et le lendemain 11 à onze heures et demie, Chibi n'était pas venu, bien qu'il soit vivant, voilà la conclusion à laquelle je suis parvenu. Celui qui n'avait pas manqué un seul jour, avec fidélité et constance, même quand il avait été blessé, qui était même venu nous montrer sa blessure, ce jour où il était sain et sauf, ce seul jour et pour la première fois, il n'était pas venu. Comment était-ce possible ? Pourtant, la chose était certaine, cela avait eu lieu.

Fallait-il comprendre que Chibi avait passé cette dernière journée d'une manière complètement différente ? Je voudrais connaître cette journée, aussi brève qu'une goutte d'eau, mais c'est comme si j'étais aspiré par les ténèbres du temps, au-delà de cette journée, de cette mort.

« Il n'allait jamais de lui-même du côté de la maison aux *susuki.* »

J'ai retrouvé ces paroles de la voisine dans le même aide-mémoire.

Achevé d'imprimé en Espagne par

CPI
BLACK PRINT

Dépôt légal : septembre 2006